天堂原乡

毛里求斯

观笔 / 著

天堂原乡

毛里求斯

观 笔/著

Mauritius: Heaven on Earth

世界知识出版社

图书在版编目（CIP）数据

天堂原乡——毛里求斯 / 观笔著 . —北京：
世界知识出版社，2014.6
ISBN 978-7-5012-4667-0

Ⅰ.①天…Ⅱ.①观…Ⅲ.①毛里求斯—概况 Ⅳ.① K948.4

中国版本图书馆 CIP 数据核字（2014）第 095463 号

书　　名	**天堂原乡**——毛里求斯
作　　者	观　笔
责任编辑	王瑞晴　蔡金娣
责任出版	赵　玥
整体设计	向尚艺术设计
出版发行	世界知识出版社
地址邮编	北京市东城区干面胡同 51 号 (100010)
电　　话	010-65265923（发行）　010-85119023（邮购）
	010-85112689（编辑部）
经　　销	新华书店
印　　刷	北京新华印刷有限公司
开本印张	787x1092 毫米　1/16　12$\frac{1}{2}$ 印张
版次印次	2014 年 7 月第一版　2016 年 5 月第二次印刷
标准书号	ISBN 978-7-5012-4667-0
定　　价	58.00 元（平装）

前　言

毛里求斯自从 1968 年独立以来一直和中国保持着紧密的友好关系。在两国历届政府的不懈努力之下，两国关系历久弥新，焕发出勃勃生机。

中国是个大国，而毛里求斯只是印度洋上的一座小岛，两国之间的友谊弥足珍贵。也正是因为这份兄弟般的情谊，两国关系不仅在双边层面不断推向纵深，在面向非洲大陆的合作上更是携手并进，成为彼此的重要合作伙伴。

毛里求斯长期致力于打造对非投资金融中心以及地区航运中心。随着港口现代化水平不断提高，机场货运枢纽建设不断推进，毛里求斯的整体技术设施完善程度及服务水平在非洲名列前茅，是中国进军非洲的理想跳板。

在旅游方面，毛里求斯不仅有阳光、海浪、沙滩，还有峡谷、丛林、溪流，在这里您可以与海豚嬉戏，也可以乘滑翔伞在蓝天中翱翔，可以在海底漫步观赏珊瑚，还可以走进原始森林，在岩石树木溪流中探访大自然的奥秘。当然，您如果喜欢购物和美食，毛里求斯也是一个绝佳的选择。

来到毛里求斯，在安全方面（不论是人身安全还是食品安全）以及卫生方面都有充分的保障。同时，我们的酒店和餐厅也在不断努力，定期更新餐厅菜单，加大中文培训力度，只为向中国游客提供更加舒适便捷的服务。

2014 年，中国驻毛里求斯大使馆的外交官集体撰写的这本《天堂原乡》，首次出版即获巨大成功。这本内容全面、图文并茂的书不仅是一本旅游手册，更是一部浓缩的毛求百科全书，对于增加中国民众对毛里求斯的深入了解起到了重要的推动作用。2015 年，近 9 万中国游客来毛，同比增长 41%。

我们展开双臂欢迎中国与毛里求斯开展更为紧密的合作，欢迎更多中国朋友来毛旅游、工作、经商。对于我们而言，中国不仅是商机，更是联系毛里求斯与世界的桥梁。

沙·杜瓦尔

毛里求斯共和国第一副总理

目　录

第一章　邂逅毛里求斯

第四章　历史在这里凝固

第五章　幸福生活的开端

第一章
邂逅毛里求斯

　　邂逅是不期而遇，是诗经中"今夕何夕，见此邂逅"那般突然撞进心房的甜蜜，是"有美一人，清扬婉兮，邂逅相遇"的宿命相逢。如果，毛里求斯真是一位美人，远山为黛，繁花似面，碧海如发只是她的容颜，这里的历史、文化和每一个鲜活的毛里求斯人才凝聚了她的泪水、欢笑与故事。

　　再走近一点点，仿佛突如其来，却已如在梦里无数次相见，这就是邂逅，这就是毛里求斯。

第 1 节

从国旗说开去

毛里求斯国旗由绚烂的红、蓝、黄、绿四种色彩排列组成。每种颜色或体现了毛岛独特的人文和自然禀赋，或代表着一段可歌可泣的斗争岁月，是毛里求斯国家和民族精神的象征。

毛里求斯国旗

因为海在那里

　　国旗中的蓝色代表的是海洋，更确切地说应该是环绕毛里求斯诸岛一碧万顷，柔和明丽的印度洋。毛里求斯（东经57°35′，南纬20°15′）地处印度洋西南，非洲大陆东部，包括本岛及罗德里格岛、圣布兰登群岛、阿加莱加群岛等属岛。

　　毛里求斯土地资源有限，国土总面积2040平方千米，约为北京的八分之一，其中主岛面积1865平方千米，南北最长65千米，东西最宽45千米。陆地上缺少的，海洋却给予了最为慷慨的弥补，毛国拥有190万平方千米海洋专属经济区，超过全中国海洋专属经济区面积的一半。蔚蓝的海洋蕴藏着无尽的资源和财富，哺育毛岛人民，也吸引了全球旅游者，为毛里求斯在世界旅游大奖中赢得了"世界杰出海岛旅游目的地"和"世界最佳海滩"的美誉。在这里，大海的广阔隔绝了尘世喧嚣，荡涤了人们的心灵，这大概也是毛里求斯被称为"天堂原乡"的原因吧。

一杯"绿岛"

绿色代表着毛里求斯的土地和四季常青的气候特点，毛岛属于亚热带海洋性气候，全年分夏、冬两季：11月至次年4月为夏季，平均气温约27℃，5月至10月为冬季，平均温度约18℃。海水平均温度多在22℃以上，常年适合各种水上运动。岛内终年花木繁茂，群山竞翠，峰巅绿遍。

毛岛由火山运动形成，岛上至今尚存爆发时遗留的火山口遗迹，亦是岛内著名旅游景点。也正为此，毛岛中部为火山爆发形成的高原，沿海多平原，浅海则被全球第三大珊瑚礁群环绕。岛内各处景致大不相同，既有共长天一色的浩渺碧海，也有伴孤鹜齐飞的苍茫群山，间或其中的则是片片青葱的甘蔗林。朗姆酒由甘蔗汁酿成，是岛内名产，以它为基酒调制的鸡尾酒独具特色。其中最负盛名的一款称为"Green Island"，不妨细细品味这一杯口感丰富，滋味悠长的"绿岛"。

星星之火燎原

国旗顶端的红色象征为独立自由而进行的斗争。毛里求斯扼大洋，控两洲，是控制通往印度航道的战略要冲。历史上长期被英法等欧洲国家占据，16世纪初，葡萄牙探险队到达了现在的毛里求斯和留尼汪诸岛，取名为马斯克林群岛。1598年荷兰人占领毛岛，并以荷兰君主"毛里求斯"命名。1715年毛岛再次易手，法国人占领该岛并改名为"法兰西岛"。1814年，英国战胜法国，夺取了毛岛，并将其重新命名为"毛里求斯"。此后英国从美洲、非洲、印度引入大批奴隶、囚犯和自由民到毛里求斯垦殖。

二战以后，殖民地独立运动风起云涌。1961年在伦敦召开的制宪会议上，与会的毛里求斯各政党都要求独立，英国殖民当局被迫同意毛里求斯分阶段实行"内

天堂原乡
——
毛里求斯

部自治"。1967 年,毛里求斯举行第一届议会选举。议会第一次会议通过了西沃萨古尔·拉姆古兰(Seewoosagur Ramgoolam)提出的要求独立的决议,英国政府被迫同意毛里求斯独立。

自由之光

1968 年 3 月 12 日,国旗中象征独立的金色光芒终于照耀毛里求斯国土。独立以后的历届政府均坚持维护民族团结与和睦,实行务实、温和政策,保持了政局长期稳定。1992 年 3 月 12 日,毛里求斯成立了共和国,实行议会一院制。政府推行的经济社会改革,改善了民生,增加了就业,创立和保持了高福利社会制度。

国旗中和谐共处的各种色彩也象征着 129 万相互融合、共同繁衍的毛里求斯人民。历史因素使然,毛里求斯人口的种族组成多种多样,其中以印度裔毛里求斯人为大多数(占人口 69%),其次是克里奥尔人(欧洲和非洲混血,占27%)、华裔毛里求斯人(占 2.3%)、欧洲裔毛里求斯人(占 1.7%)。

英语是毛里求斯的官方语言,但法语也普遍使用,当地大部分报纸杂志为法文。克里奥尔语则是岛民最常用的口语。多样的民族构成也为毛里求斯带来了包容的宗教氛围,居民中 51% 信奉印度教,31.3% 信奉基督教,16.6% 信奉伊斯兰教,另有少数信奉佛教。漫步街头,转过教堂尖顶就看见了唐人街的牌楼,隐藏在闹市中的神庙里,身着纱丽的印度姑娘以克里奥尔语虔诚吟唱着吠陀,不要觉得突兀,因为这就是毛里求斯。

克里奥尔儿童

印度洋的"星与钥匙"

位于西南印度洋的毛里求斯享有优越的地理优势和重要的战略地位，被誉为"印度洋的星和钥匙"，"星"是形容毛岛明丽的自然风光，"钥匙"指的则是毛里求斯独特而重要的地理位置。毛岛既是控制欧洲东进亚洲的战略通道，也是亚洲国家走进非洲大陆的门户，使得毛里求斯得以在印度洋区域发挥着"小岛大国"的作用。

泻湖出海口

活跃的外交

毛国奉行中立、不结盟和全方位外交政策，坚持外交为经济建设服务，主张与所有国家发展友好关系，积极参与地区合作和南南合作，重视发展同东部和南部非洲国家、毛里求斯人口来源国和印度洋沿岸国家关系。近年来，毛国欲在本地区发挥"小岛大国"作用，承办 2005 年联合国"小岛屿发展中国家可持续发展国际会议"，呼吁减免发展中国家债务，推动非洲区域一体化。毛里求斯以小岛屿国家代言人自居，积极在气候变化等国际问题上发挥作用。

1982 年印度洋委员会作为国际组织就是在毛里求斯路易港（Port Louis）宣告成立的，1997 年毛里求斯还倡议成立了环印度洋地区合作联盟，并成为上述组织秘书处所在地。中国与上述地区组织保持良好合作关系，是印度洋委员会观察员和环印度洋地区合作联盟对话伙伴国。同时，毛里求斯是非洲联盟、东南非共同市场、南部非洲发展共同体等非洲国家间组织的成员国，着力发挥在地缘、语言、市场准入和离岸金融等方面的优势，成为中国、印度等亚洲国家西进非洲的桥梁。

中国与毛里求斯于 1972 年 4 月 15 日建交。建交以来，两国高层交往频繁，政治互信不断加深。2007 年 7 月，纳文钱德拉·拉姆古兰（Navinchandra Ramgoolam）总理对华进行正式访问，胡锦涛主席会见，温家宝总理同拉姆古兰总理举行会谈。2009 年 2 月，胡锦涛主席应邀对毛里求斯进行国事访问，会见了阿内罗德·贾格纳特（Aneerood Jugnauth）总统，同拉姆古兰总理举行会谈。11 月，全国人大常委会副委员长王兆国访问毛里求斯，同吉克斯沃·普利亚格（Rajkeswur Purryag）议长会谈，并会见了贾格纳特总统和拉姆古兰总理。2010 年 8 月，贾格纳特总统来华出席上海世博会毛里求斯国家馆日活动。2011 年 1 月，国务院副总理回良玉访问毛里求斯。贾格纳特总统同年 7 月来华出席毛里求斯航空公司开通至上海直飞航线首航仪式，并赴浙江、海南参观考察，9 月来华出席第六届中国中部贸易投资博览会。2011 年 11 月和 2012 年 4 月，全国政协副主席罗富和、全国人大常委会副委员长桑国卫先后访问毛里求斯。2013 年 7 月和 11 月，毛国副总统贝勒波（Ohsan Bellepeau）两次非正式访华，分别出席毛航开通至北京航线首航仪式和厦门海洋周，并赴广东参访。2015 年 6 月，毛第一副总理兼旅游和对外交通部长杜瓦尔赴成都出席毛航至成都首航仪式。2015 年 10 月，毛副总理兼住房与土地部长苏登访华。2015 年 10 月毛总统法基姆来华出席创新大挑战年会。2016 年 1 月底至 2 月初，中国外交部长王毅对毛里求斯进行正式访问。

建交以来，中毛经济技术合作与经贸往来持续发展。两国政府签有避免双重征税协定、经济技术合作协定等，并于 1985 年成立经济、技术和贸易合作混合委员会。2015 年中毛双边贸易额达到 8.56 亿美元，同比增长 12.8%；其中中国对

毛里求斯出口 8.41 亿美元，同比增长 12.9%，进口 1500 万美元，同比增长 8%。中国是毛里求斯第二大进口来源国，位居印度之后和法国之前。

和平稳定的政局

毛里求斯宪法于 1968 年颁布，历经 1991 年和 1996 年两次修订。根据现行宪法，毛里求斯为议会共和制国家，实行多党制以及立法、行政、司法三权分立制度。

国际上与之比较类似的国家有德国、印度和意大利。

总统为礼仪性国家元首，由总理提名，经议会批准后产生，任期五年。总理由议会多数党领袖担任，行使国家行政权，有组成和改组政府以及解散议会、提前举行大选的权力。

国民议会是毛里求斯最高立法机构，负责制定法律、讨论国家政策、批准政府各项法令和财政预算。由70名议员组成，任期五年。其中62人经选举产生，其余8人为官委议员。

官委议员按英文直译可被称为"最佳失败者"（The Best Loser），由总统根据选举委员会的建议在落选人中选择得票率高者任命，同时也需兼顾各民族和各党派在议会中力量的对比，以维护少数和弱势群体利益，是冰冷政治生活中颇具人情味的一种设置。

中央政府是国家最高行政机构，对议会负责。宪法规定，除总理外，政府部长人数不得超过24名。除司法部长可由非议员（但必须为律师）担任外，其余各部长职务均须由议员担任。重要政务均由每周五召开的内阁会议讨论通过。制定或修订法案亦先由内阁会议同意后再提交议会审议通过。

最高法院是国家最高司法机构。最高法院由大法官、次席大法官以及陪席推事组成。大法官由总统与总理协商后任命。

毛里求斯主要政党包括社会主义战斗党（Mouvement Socialiste Militant，简称社战党）、毛里求斯社会民主党(Parti Mauricien Social Démocrate，简称社民党）、工党（Parti Travailliste）、毛里求斯战斗党（Mouvement Militant Mauricien，简称战斗党）。毛里求斯各政党有各自的代表颜色，社战党为橙色，社民党为蓝色，工党为红色，战斗党为紫色。在毛岛旅游期间，特别是政党大型集会时，若穿上

天堂原乡

——毛里求斯

某种特定颜色的服装，可能会被认为是某一政党的支持者。

毛里求斯地方行政单位为市和区。委员会为地方最高行政机构，全国分为五个直辖市和七个大区。各级委员会均通过选举产生，每五年选举一次。

五市：路易港、鸠比（Curepipe）、博巴森/荷精（Beau Bassin/Rose Hill）、瓦瓜/菲尼克斯（Vacoas/Phoenix）、卡特邦（Quatre Bornes）。

七区：庞普勒穆斯（Pamplemousses）、兰坝河（Rivière du Rempart）、摩卡（Moka）、弗拉克（Flacq）、大港（Grand Port）、沙瓦纳（Savanne）、黑河（Black River）。

其中，路易港是毛国首都，也是国家经济、金融和航运中心。市内有店铺林立的唐人街、博物馆、大教堂、清真寺、赛马场等，是毛里求斯多民族、多文化交融的缩影。

毛里求斯不少地区与中国缔结了友好城市，包括佛山与路易港、常州与博巴森/荷精、梅县和鸠比、青岛和沙瓦纳、人庆和卡特邦、南通和瓦瓜/菲尼克斯以及义乌和摩卡等。

甜岛经济的苦痛涅槃

1896 年，马克·吐温游历了毛里求斯，在《赤道漫游记》（*Following the Equator*）中留下了"上帝首先创造了毛里求斯，然后再创造天堂，天堂就是按毛里求斯仿造出来的"赞叹。

然而那时的毛里求斯远非人间乐土，"在毛里求斯所过的生活，既可怜又可悲，世界上没有别的地方的人会那样容易死去。一旦偶有小恙，便会酿成沉疴大病"，人们"从事十分艰苦的劳动，干十二个小时，挣不到半个卢比"。

1968 年民族独立，为毛里求斯经济的腾飞注入了动力，从一个以制糖业为主、贫困落后的农业国发展成为中等收入水平的多样化经济体，形成了制糖业、服装出口加工、旅游业和金融服务业四大支柱产业。自上世纪 90 年代起，毛国大力发展离岸金融业、信息通讯产业和海洋业，加快培育新的经济增长点。

目前，毛里求斯已经成为非洲经济发展较好的国家之一。根据毛国家统计局发布的数据，2014 年，毛里求斯人均 GDP 达 10005 美元，而同期中国和非洲人均 GDP 分别约为 7575 美元和 1100 美元。从经济结构看，毛里求斯第一、二、三产业占 GDP 比重分别为 4.4%，23.8% 和 71.8%，已经初步成为以现代服务业为导向的多元化经济体。

毛里求斯在世界经济论坛 2014-2015 年全球竞争力排名中位居全球第 39 位，在非洲排名第一；在 2015 年联合国人类发展指数排名中名列全球第 63 位，在非洲排名第二；在世界银行 2016 经商指数排名中，毛里求斯位居全球第 32 位，在非洲排名第一。

毛里求斯又被称为"甜岛"，制糖业曾经是毛里求斯的经济基础，甚至可以说是唯一的支柱。糖业产值一度占国民生产总值的三分之一和出口总额的 99%。随着城市化进程加快和其他行业的兴起，毛国甘蔗种植面积不断萎缩，糖业产值占 GDP 比重逐年下降。2014 年蔗糖出口 42.2 万吨，出口金额 77.17 亿卢比，约合 2.57 亿美元，占毛里求斯出口总额的 9.5%。

尽管目前毛国政府积极实施糖业改革、重组、合并中小糖厂实现集约化经营，增加精炼糖出口，利用蔗渣发电、乙醇蒸馏以及朗姆酒酿造等引导制糖业向高附加值方向发展，但制糖业确已成为"夕阳产业"了。人们只能凭借道路旁时时出现的青葱蔗田，以及耸立其间的废旧糖厂烟囱，寻找"糖岛"文化的印记。

天堂原乡
——
毛
里
求
斯

毛里求斯制造业以纺织服装和食品加工为主。上世纪 70 年代，毛政府颁布了《出口加工区法》，制定了一系列鼓励吸引外资的政策，发展出口加工业。自 80 年代开始，香港和台湾等地大量外资流入，设立多家纺织企业，使纺织服装业异军突起，迅速成为国家经济支柱和主要创汇产业之一，80 年代中期在就业人数、出口额、占

甘蔗工人

GDP 的比重方面均超过了制糖业，成为毛国第一大支柱产业。2014 年制造业产值为 564.47 亿卢比，约 18.8 亿美元，同比增长 2.1%，占 GDP 的 16.6%。其中成衣产品出口额 248.54 亿卢比，约合 8.82 亿美元。

毛里求斯是世界知名的旅游胜地，自然和人文景观丰富，旅游设施完善。近年来，旅游业发展迅速，并带动酒店餐饮和服务业不断增长，已成为经济支柱产业之一。毛国每年外汇储备中约有三分之一来自旅游业。2015 年毛里求斯累计接待外国游客 115 万人次，同比增长 10.9%，其中中国游客 89585 人次，同比增长 41.4%，成为毛国旅游业发展的新亮点。

毛里求斯金融保险市场自由、开放，外资银行和保险公司经批准可在毛国注册；银行利率开放，由各商业银行自行决定；无外汇管制，当地货币可与外币自由兑换。得益于优越的地理位置、长期稳定的政治环境和宽松的金融税收政策，近年来金融服务业成为毛国发展最为显著的行业之一。2014 年金融服务业总产值 353.01 亿卢比，约合 11.77 亿美元，占 GDP 总量的比重为 10.3%，同比增长 5.4%。其中，银行类金融机构的产值为 206.87 亿卢比，约合 6.89 亿美元，保险和养老金

产值为 104.42 亿卢比，约合 3.48 亿美元。

上世纪 90 年代以来，毛国积极发展离岸金融业，将路易港设为自由港，目前已与 42 个国家签署了避免双重征税协定，有数千家离岸金融公司在此注册。根据毛里求斯金融服务业委员会公布的最新数据，目前毛里求斯共有超过 2.7 万家离岸公司。

毛里求斯信息通讯发展程度居非洲首位。近年来，毛国充分发挥本国地理、语言和基础设施等方面优势，加快推进以信息通讯为核心的新经济发展，力争将毛里求斯打造成地区信息通讯中心，并使信息通讯成为毛第五大经济支柱。2014 年，信息通讯技术业产值 218.03 亿卢比，占 GDP 的 6.4%，同比增长 6.6%。

毛海岸线长 217 千米，有 190 万平方千米海洋专属经济区，渔业资源丰富，发展渔业优势明显。毛国允许外国渔船在其海域进行捕捞作业。根据政府规划，水产养殖和海产品加工将是渔业未来发展的方向。2014 年鱼及鱼制品出口量为 12.66 万吨，出口额 139.34 亿卢比，约合 4.64 亿美元，占当年出口总额的 17.16%，渔业和水产品加工已经成为毛里求斯最具潜力的产业之一。

丰富的渔业资源使毛里求斯成为深海垂钓的胜地，主要品种包括马林鱼、鲨鱼、黄鳍金枪鱼、鲣鱼和梭鱼等。毛里求斯保持着多项垂钓世界纪录，还经常举办各种深海钓鱼大赛，其中最负盛名的是马林鱼世界杯（Marlin World Cup）。

毛里求斯基础设施较为完善。公路交通较发达，公路总长达 2275 千米，公路车辆密度为每千米 195 辆机动车。截至 2015 年上半年，全国统计各类机动车辆 47.62 万辆，平均每三个人就拥有一辆机动车。

毛里求斯全国 90% 以上的进出口物资依靠海运。路易港是毛国唯一的国际商港，1993 年被宣布为自由港。该港口现代化程度高，集装箱吞吐量大，能停靠

最现代的集装箱船，拥有 26 公顷的集装箱码头和 5 台现代化集装箱起重机，是撒哈拉以南非洲地区第二大集装箱港口（最大港为开普敦）。毛国政府努力把路易港建设成地区海运中心之一。目前有 20 多条来往亚洲、欧洲、大洋洲和南非的国际班轮经停路易港。

毛里求斯现有两个机场，即位于普莱桑斯（Plaisance）的西沃萨古尔·拉姆古兰爵士国际机场和罗德里格岛（Rodrigues）民用机场。前者由中国援建，航站楼面积 8.9 万平方米，年接待能力 400 万人次，有 30 多条国际航线，每周近 750 个航班，连接 20 多个欧、亚、非国家。与北京、上海、香港、伦敦、巴黎、苏黎世、新加坡、孟买、约翰内斯堡、迪拜等国际城市均有直达航班。

毛里求斯快速发展的经济也为包括中国在内的全球投资者创造了广阔的空间。在毛国投资主要有三大优势，一是政府政策开放、优惠。毛国政府一贯奉行开放的市场经济体系和贸易自由化政策，积极鼓励吸收外资，相关投资条件优惠，法律法规完善，执行透明度高；给予外资国民待遇，外资可 100% 控股；无外汇管制，资本和利润可自由汇出。二是地理位置优越。毛里求斯地处连接欧亚非三大洲的航路要道，政局稳定，与其他非洲国家有着比较优势。水、电、交通、通信等基础设施完备，收费合理。自由港服务如转船设备、仓储、冷藏等具有一站式服务功能。金融市场完善，银行众多，操作规范，企业融资便利。三是完善的市场准入。毛里求斯拥有与欧盟和美国优惠的市场准入待遇，为中国投资者和贸易商进入发达国家市场提供了机会。同时，毛里求斯是东南非共同市场和南部非洲发展共同体成员国。截至 2015 年底，毛里求斯与 42 个国家签署《避免双重征税协定》（包括 16 个非洲国家）。在毛里求斯缴纳的所得税，均可在母公司所在国纳税时给以抵免。同时，毛岛还拥有设备齐全的现代港口设施，可以成为进入撒哈拉以南非洲市场的跳板。

安居乐业的七彩社会

生活在这个岛国上的各个族裔都在毛里求斯艺术版图上留下了自己的烙印。无论是富有宗教特色的印度祭祀舞，或是热情奔放的克里奥尔塞卡舞，还是喜庆喧嚣的中国舞龙舞狮都得到了完整的传承和发扬。毛里求斯糅合了来自印度、非洲、欧洲、中国的异邦文化，孕育出以 2008 年诺贝尔文学奖得主、拥有毛里求斯和法国双重国籍的作家勒克莱齐奥（Jean-Marie Gustave Le Clézio）为代表的一批当代文学家。

毛里求斯现代文化受印度流行风尚影响颇深，大街小巷随处可见宝莱坞电影海报，印度影星一举一动也倍受毛岛青年的追捧。近年来，中国文化也在毛岛得到传播和流行，毛里求斯首都路易港设有中国文化中心，国内文化演出团体每年前来进行访问演出，志愿者教学使汉语在毛岛得到了普及，《麻辣婆媳》等电视节目则把普通中国人的喜怒哀乐带进当地居民的荧屏。

据考证，华人来毛里求斯谋生始于 18 世纪中叶，目前华人华侨总数约 2 万多人，占毛岛人口的 2.3%，以祖籍梅县的客家人为主，约占 90%。虽然人口较少，但华裔居民在当地享有较高的社会经济地位，在毛国经济、社会、科技和文化等多个领域发挥重要作用。当地华人也成立了各种社团、组织及宗亲会，成为联系华人和祖国的桥梁。

毛里求斯包容的文化特点也体现在节日设置上，毛里求斯 15 天的法定假日包括了印度教湿婆神节、排灯节、象头神节，伊斯兰教的开斋节，天主教的圣诞节和圣母升天节，以及华人的春节。

天堂原乡

——

毛里求斯

毛里求斯作为高福利国家，实行中小学免费教育，学龄前教育和高等教育由政府补贴，在各个阶段的教育普及率均明显高于本地区平均水平。2014 年，毛里求斯政府用于教育的支出为 153.71 亿卢比，约合 4.8 亿美元，占政府总支出的 13.5%。

毛里求斯实行免费医疗的福利政策，包括外交使团人员、外国游客和外籍工人，在公立医院看病、住院均可享受免费待遇。

美人鱼雕塑

国家卫生保健服务体系齐全，私人医疗也较完善。截至 2013 年末，全国有医院 19 家，社区医疗中心 116 家，私人诊所 17 家，床位 4452 张，药店 293 家。平均每万人拥有医院床位 35 张。医生、护理人员的比率在非洲国家都处于教高水平。

毛里求斯拥有现代化通讯网络、手机网络制式与中国兼容。毛里求斯各大电信公司的手机卡号凭护照即可办理，向中国拨打国际长途资费标准一般为 0.1 − 0.15 美元 / 分钟。

第二章

读懂毛里求斯

对于今天的人们来说，究竟人类什么时候发现了毛里求斯，究竟是腓尼基人、古埃及人、古印度人，还是阿拉伯水手首先发现了毛里求斯，都不再重要。我们的时代在重新发现毛岛的魅力，每一个和毛岛结缘的人都在用自己的方式，发现着这片天设地造的福地，感受着这里善良好客的民风。浅识毛里求斯，很容易感到它的简单和美丽。想读懂它的时候，会发现它既复杂又神秘。这里是怎样的一片海、怎样的一块土地、又是怎样的一群人呢？

第 1 节
海洋大国

人类近代 500 年历史的开启是以大航海为标志的。毛里求斯因为在大航海中的关键位置和重要作用而在世界航海史上拥有独特的地位。

大港战役

历史的辉煌与浪漫

西方首批航海家，像葡萄牙的迪亚士、达·伽马，传说都是毛里求斯岛的发现者。据毛岛历史学家考证，这些前仆后继的航海家都是在风暴中迷航偏航，被幸运地吹到毛岛。岛上苍天的巨木、充足的淡水、悠闲的动物种群让他们欣喜若狂，也补足了继续前行的给养。但一心探索新航路到东方寻宝的葡萄牙人并没有在毛岛驻足，真正在毛岛驻足的首推荷兰人。是他们在毛岛上拥有了为数百人左右的常住人口，并且以毛岛为中转大力推进在东南亚的殖民事业。从荷兰殖民者占据的开普敦到爪哇岛，毛岛大致位于航程的中间。荷兰这个新生的、胃口极大的小国，为了从航海探险中尽快、尽可能地获利，对毛岛进行了野蛮的开发利用，在不到百年的时间里就永久地改变了这里的地貌和动植物界。但荷兰人殖民无方，在岛上没有站稳脚跟，于 1710 年因岛上资源耗尽而放弃了毛岛。

真正为毛岛奠定现代国家雏形的，是 1715 年到来的法国殖民者。法国人改造和扩建了路易港，使其成为西南印度洋地区最重要的深水良港，远洋船舶绕行好望角的必经之地。在法国殖民者和无数默默耕耘的奴隶手中，毛岛，从一

个籍籍无名的荒废之岛，逐步建设成了人口上万，拥有近代农业、工商业和制造业的印度洋明珠。时至今日，浏览岛上遗存的那些工业革命早期的标志性大机器、大锅炉，仍可以体味到当时人们以岛为家、全心投入的奋斗精神。

18 世纪晚期的路易港

法国人给毛岛带来了近代化，也带来了法国式浪漫。与今天人们乘坐豪华邮轮环游世界相比，18 世纪的航海生活仍然充满了风险和挑战。一艘名为"圣热朗"（Saint-Géran）的法国远洋船 1744 年在毛岛附近遭遇风暴，触礁沉没。据说船上有位生在岛上的美丽姑娘叫维尔贞妮（Virginie），在巴黎接受了上流社会的教育，却无法融入那里的生活，尤其是时刻思念留在岛上的儿时伙伴保罗（Paul），万里迢迢地赶回来与他相见。日夜盼望维尔贞妮归来的保罗，早已经按照船期等待在岸边，在风暴里都可见"圣热朗"的桅杆，但有情人终于相会之时，已经是天人相隔。保罗怀抱维尔贞妮的遗体，悲伤至死。岛上的人们把他们的故事口口相传，直到法国18 世纪浪漫派代表作家圣 - 皮埃尔（Bernardin de Saint-Pierre）1768 年来到岛上，用充满感伤的笔触，

保罗与维尔贞尼大理石等身像

天堂原乡

——毛里求斯

把这段故事演绎成小说，《保罗与维尔贞妮》终于和毛岛一道，成为世界航海文学史上一段永恒的传奇。这本书的中文译本叫做《离恨天》，是我们近代伟大的翻译家林纾先生以更加传神优美的语言介绍给中国读者的。

在真实的世界里，从 18 世纪初到 19 世纪初，为了控制印度洋，法国人以毛岛为主要支撑点，与英国人进行了一个世纪的殊死搏斗。1810 年，拿破仑麾下的法国海军在毛岛东南部赢得了对阵英国海军罕有的一次胜仗之后（此次以毛岛当地港口——"大港"命名的战役刻在巴黎凯旋门上，永久性地为毛里求斯在世界海战史上赢得了一个特殊的位置），体面地向当时的海上霸主英国人转让了毛岛的统治权。从此，毛岛不再叫做法兰西岛，改回了荷兰人给予的旧称"毛里求斯"，为日不落帝国的辉煌发挥了重要作用。

然而，1869 年苏伊士运河的开通，改变了毛岛在世界海图上无法绕过的地位，也改变了毛岛的命运。苏伊士运河大大缩短了欧亚之间的航路，从此只有那些超宽超深的大型船舶才会经过毛岛附近海域，绕行在欧业之间。但这些大型船舶续航能力很强，很少在毛岛停靠，影响了毛岛在世界海运中的地位。但由于毛岛孤悬西南印度洋的独特位置，它的地缘战略价值和军事争霸印度洋的重要作用从未被忽视。在二战前期形势最严峻的时候，英国曾在毛岛加派驻军、修筑向海大炮和防御攻势，以严防万里之外的日军偷袭。

现代化的路易港

毛里求斯于 1968 年赢得独立，使得毛里求斯人民真正拥有了充分发挥潜力、拓展对外交往、规划自身未来的权力，也让毛岛赢得了新生，真正迈开了建设海洋大国的步伐。生于斯长于斯的毛岛人民不像短视而贪婪的荷兰殖民者那样，对于毛岛的开发仅限于砍伐岛上珍稀的乌木，捕杀硕大的象龟，灭绝憨笨的渡渡鸟，而是通过向海洋要资源，向海洋求发展，使宽广的海洋成为毛岛可持续发展的永动机。

从 1810 年就告别战争的路易港，早已淡忘了战火硝烟的记忆，成为一块和平发展之地。作为毛岛唯一的商业深水港口，它承接了全国 99% 的对外贸易，对维护毛里求斯国家正常运转和促进经济发展至关重要。毛政府历来重视港口发展，积极采取措施，不断提升港口的现代化水平。伴随着毛岛经济的腾飞，

路易港

路易港大致经历了四个发展阶段。

第一个阶段始于毛岛独立，直到 20 世纪 70 年代后期。在毛岛工业化的进程中，路易港旧貌换新颜。这时期的港口开发包括码头清淤和改造扩建、建设

深水码头和集装箱园区、升级货物和集装箱处理设备等。1980 年，专门用于出口蔗糖的码头投入使用。每年大约有数十万吨的蔗糖经由这里出口，其中绝大部分销往欧盟，给那里的人们送去舌尖上的甜蜜，更为毛岛经济腾飞做出了重要贡献。

第二阶段是 20 世纪 80-90 年代，路易港从驳运港向现代化深水港转型升级，相继引入了新型货物处理系统，扩宽了转船池，购买了远洋拖船等。1983 年，毛里求斯货物运输公司成立，规范了货物装卸流程，进一步提高了港口的作业效率。

第三阶段从 1990 到 2000 年，这是路易港向现代化门户转变的关键时期。在政府支持下，成立了名为"自由港"的开发管理集团，集团建成了集装箱专用码头并投入使用，购置了两艘负责牵引超巴拿马型货船的拖轮和三个专用大型龙门吊，大大增强了毛岛的海运竞争力。这个时期港口管理架构也更为明晰。1998 年，根据《港口法》，毛里求斯港务局正式成立。作为港口主管部门，港务局直接对总理府负责，内设董事会，主要成员由总理府任命，具体负责港口的运营、管理和规划开发。货物运输公司则经港务局授权，负责货物装卸与沿岸作业。

第四个阶段始于本世纪初，直至现在。路易港与许多世界知名的大型海运公司签署协议，提供转运服务。为了应对快速增长的海运贸易，毛政府不断加大对港口扩建和现代化的投入。在多方筹资的基础上，路易港逐步拥有了更大的集装箱码头处理能力，新增了油轮码头和液化石油气储备中心，升级了渔船码头和游船泊位设施。与之相配套，路易港也扩建了滨海旅游区，加强了港口安全保障和环境保护，修建了防洪墙。随着港口基础设施的完善，路易港的吞吐能力和集装箱装卸效率得到显著提升。靠港船只得到的服务更加快捷。

今天的路易港，已经初具了现代化港口的样貌。港口的年吞吐能力为 50 万标准集装箱，预计到 2030 年将增至 100 万标箱。路易港与我们国家众多拥有千万标箱吞吐能力的大港相比，显然不在一个重量级。但它有自己独特的价值。近年来，受索马里海盗问题影响，一些往返于印度洋和大西洋之间的商船为降

低风险，避开亚丁湾，绕道好望角。这增强了路易港作为燃料补给和中转平台的地位。这座西南印度洋上的航标灯依然闪亮。

引以为豪的广袤海域

毛里求斯广阔的海域

谈起一望无垠的广袤海域，毛岛人民，上至总理部长，下至普通市民，总是那样眉飞色舞。他们会骄傲地告诉你，毛里求斯是一个名副其实的海洋大国，专属和共有的海域面积近 230 万平方千米，是国土面积（2040 平方千米）的 1100 多倍，超过了法国、德国、意大利、西班牙、英国这五个国家国土面积的总和。

最令毛岛人民自豪的，是他们在国际上树立了与邻国协商解决海洋划界问题的成功典范，赢得了国际社会的尊重。根据《联合国海洋法公约》规定，专属经济区是指从测算领海宽度基线量起，不超过 200 海里的区域。据此，毛里求斯拥有的专属经济区约为 190 万平方千米。同时，《联合国海洋法公约》也规定，超出领海基线 200 海里以外但不超过 350 海里的延伸部分可构成一个国家的外大陆架；相关缔约国必须向联合国大陆架界限委员会提交外大陆架划界方案，否则有关这方面的要求就不会得到承认。

几乎所有的沿海国家都有一种向海的冲动，希望把自己能够管到的大陆架扩展得越远越好。然而，一个国家海域的延伸总是很容易与邻国主张的区域重叠。毛里求斯也不例外。毛里求斯的外大陆架处于马斯克林海底高原海域。该海底高原位于东经 54 度至 63 度、南纬 4 度至 22 度之间，是印度洋海底的大片拱形隆起地带，由一系列海底山脉、暗礁和岛屿组成，地质学家认为它是印度板块和非洲板块分离所形成的大陆碎块。毛里求斯和塞舌尔恰好位于该海底高原的南、北两端，都有资格向联合国大陆架界限委员会申报该片外大陆架。然而，任何一方单方面申报都势必招致对方反对，从而导致划界遥遥无期。联合申报虽然需要双方在延伸面积上相互做出让渡，但却可能避免争端甚至是冲突。

外大陆架延伸区——毛里求斯与塞舌尔选择"双赢"。从 2002 年 4 月开始，

毛里求斯就开始与塞舌尔就联合申报外大陆架进行接触。随后，两国就有关海域水文及地质资料、共同划界案案文、外大陆架延伸区域未来共同开发原则等举行了多轮磋商，达成了共识。2008 年 12 月，毛里求斯与塞舌尔向联合国大陆架界限委员会共同提交了马斯克林海底高原海域外大陆架划界案。这是非洲及印度洋地区国家提交的第一份外大陆架申报，也是世界上首例由两个小岛屿国家联合提交的申报。2011 年 3 月，联合申报获得批准。从此，两国共同拥有了各自专属经济区以外 39.6 万平方千米海域的优先开发权。这片称作外大陆架延伸区的海域，面积与德国相当，拥有丰富的渔业资源，并可能蕴藏石油、天然气及其他矿产资源。2012 年，两国就共同开发和管理这一区域签署了协议，并成立了联合委员会负责具体落实。目前，海底油气资源的联合勘探已经处在进行时，毛里求斯政府和社会各界对此充满期待。

此次联合申报的成功，无疑让毛里求斯这样一个小岛屿发展中国家深受鼓舞。目前，毛里求斯政府正在依托其第一大属岛——罗德里格岛，来进一步延伸其外大陆架。罗德里格岛位于毛岛以东 560 千米，是非洲东侧最远的一块陆地，环岛四望，极目所见都是汪洋大海。这里的经济社会发展相对滞后，甚至长期被世界忽视和遗忘，被称为 30 年前的毛岛。但一旦申请外大陆架延伸区成功，毛里求斯将新增 12.3 万平方千米海域的优先开发权。此外，毛里求斯还一直努力通过外交途径，分别向英、法追讨存在主权争议的查戈斯群岛（Chagos Archipelago）和特罗姆兰岛（Tromelin Island）。查戈斯群岛位于印度洋中部，毛岛东北 1931 千米处，其主岛迪戈加西亚岛（Diego Garcia）被英国租给美国作为军事基地；特罗姆兰岛位于毛岛西北 483 千米，据说该岛周围海底有石油和锰矿。如果毛里求斯能够收回这两个岛的主权，也就拥有了其周围广阔的专属经济区和外大陆架。

也许，在不久的将来，这个230万平方千米的数字还会被改写。也许，这块一直沉睡着、孕育着无数可能的纯净的未开发之海，即将呈现出改变毛里求斯国家发展进程的大发现。

蓄势待发的海洋经济

由于国小力弱，技术水平所限，毛里求斯人民奋斗多年，对海洋的开发仍然大体上停留在"望洋兴叹"的状态。有限的成就主要限于港口建设、旅游休闲和近海捕捞，大面积的外海仅仅通过向欧盟、日本、韩国和台湾等国家和地区的船只出售捕鱼权的方式加以利用。由于没有海军以及远洋监管能力薄弱，毛里求斯人从来不知道自己的专属经济区海底资源的大体分布和渔业资源存量，偷渔现象普遍存在，海域管理名存实无。随着蓝色经济浪潮席卷全球，毛里求斯政府和人民把未来发展的希望更多地寄托在海洋。

要让眼前浩瀚的蓝色海洋成为毛里求斯人的蓝色宝藏，等靠要是没有希望的。毛国总理拉姆古兰认为，毛里求斯不能消极地等待机会，必须主动创造机会，抓住机会。2013年7月，毛国总理府牵头召开了首届海洋经济全国对话会，以全面开启毛里求斯海域资源潜力、制定国家海洋经济战略路线图为主旨。这次对话会汇集全民智慧，规划了毛里求斯海洋经济的发展目标，提出了"三级跳"的大思路：现阶段的努力目标是，形成"向海洋要资源要能源、以海洋为动力谋发展"的全民共识，制定发展海洋经济政策框架，寻求国际合作，启动海洋经济；中期目标是，将海洋经济打造成新的国民经济支柱产业，完成毛里求斯经济转型升级，从而早日迈入高收入国家之列；长期目标是，让海洋的开发成为促进国家繁荣和全面可持续发展的永久性动力之源。

天堂原乡
——
毛
里
求
斯

多元化是毛里求斯多年来成功的秘诀，在海洋经济的开发中同样如此。毛国政府着眼未来，提出了几大重点关注领域：海洋运输及旅游服务、海洋生物制药、海底油气及矿产资源开发、渔业和水产养殖、深海海水利用等。最让这里人们着迷的当数海洋生物制药和深海水资源利用。目前已被广泛用于研制抗癌药物的多种微生物在毛岛水域都可以找到类似的物种。而且，毛里求斯海洋研究所的研究人员还发现，一些毛岛特有的海绵含有抗病毒、抗肿瘤、抗癌症的化学物质。实验的结果令人鼓舞，也让研究人员在利用海洋生物资源造福人类福祉的漫漫求索中看到了曙光。利用深海海水制冷的空调系统虽然在世界上算不上什么新发明，但却让毛岛人民兴奋不已。这个系统的原理是利用海水管

收获的喜悦

道从 1000 米的深海抽出 5 摄氏度的冷水，将冷水注入空调冷却系统中进行循环制冷，在其温度升高后再重新引入海中。每年，毛岛的炎炎夏季会持续半年多，这里的电力供应又并不充足。清凉是那么珍贵。这一可再生能源技术将大幅减少电力消耗。

近年来，"靠海吃海"逐渐成为全体毛里求斯人的共识。但与之相伴的另一个高频词是"毛岛可持续发展"（Maurice Ile Durable）。拉姆古兰总理在 2008 年提出了这个理念，并将其提升为国家发展战略。早已懂得和大海和谐相处的毛里求斯人民明白，海洋经济的健康发展取决于海洋的健康。为了保护珍稀的生态系统和物种的多样性，毛里求斯政府出台了一系列的法案，如禁止每年 10 月至次年 2 月撒网捕鱼，严格控制外国船只捕捞许可的发放数量、限制捕捞配额（如 86 艘欧盟船只的年捕鱼配额为 5500 吨），禁止捕抓产卵期的螃蟹和龙虾，从 2012 年 3 月至 2016 年 2 月禁止捕捞野生海参，保护现有存量，禁止捕捞和贩卖海龟、活体珊瑚和贝壳等。

毛里求斯人的环保意识，突出地体现在对珊瑚的保护。在毛岛几乎所有的纪念品店，你很少能看到产于本岛的珊瑚手链、项链这些靠海国家常见的纪念品。生活在这座"珊瑚礁之国"的人们明白，这些姿态万千的珊瑚礁有多么重要。它们为五彩缤纷的鱼群、光彩夺目的贝类、茂密繁盛的海藻等众多海洋生物提供了赖以生存的栖息地。而且，凭借其特有的防护功能抵挡着外海涌来的惊涛骇浪，护卫着身后的黄金海岸、金色沙滩和万顷良田。那些以海为家、皮肤晒得黑亮的人们会不经意地告诉你，要不是这些珊瑚礁"卫士"，也许毛里求斯在 2004 年底那场印度洋大海啸中就永远地消失了。

天堂原乡
——
毛里求斯

牵手蓝色未来

中国人民有民族复兴的"中国梦"，毛里求斯人民有振兴海洋的"毛国梦"。寻求国际合作是毛里求斯"圆梦"海洋大国的必由之路。要发展成为区域性的航海、物流、海产品中心，离不开国际伙伴的支持。欧盟、日本等较早与毛里求斯开展合作，现在欧、日船只可在毛岛海域进行捕捞，双方还联合进行了海洋观测、海洋科学研究、海底数据搜集等活动。

近年来，中国和毛里求斯在海洋领域也有许多合作。2013年7月，毛里求斯渔业部长范马利先生（Louis Joseph VON-MALLY）访问中国，代表毛里求斯与我国签署了关于毛里求斯向中国出口水产品的合作备忘录。毛里求斯的水产品以金枪鱼为主，其肉质细腻精美，适合做生鱼片，在欧洲、亚洲许多国家都很受欢迎，每年出口量在十万吨上下，是世界第三大金枪鱼出口国。其中，长鳍金枪鱼（Albacore tuna）产量最大，其次是黄鳍金枪鱼（Yellow-fin tuna）、大目金枪鱼（Big-eye tuna）等，也有极少量在世界上已被炒到天价的蓝鳍金枪鱼（Blue-fin tuna）。目前，世界上很多海域的金枪鱼遭到滥捕，导致数量急剧减少。印度洋地区尚有较为可观的储量，尤显珍贵。中国水产企业也已经来到毛岛，与当地企业在捕捞、仓储、加工、出口等环节建立了合作关系。也许不用太久，在你餐桌的盛宴中，将可以享受到来自毛岛的金枪鱼。

毛里求斯是个乐于合作、热爱学习的国度。当前，毛国正在向中国取经，利用自身良好的天然条件，发展海洋牧场。毛国政府希望通过养殖珍珠、海参、海藻等高商业价值海产品，创造更多就业，增加渔民收入。目前，中国海洋研究部门与毛里求斯海洋研究所正在开展合作。中国专家不远万里来到毛岛，不仅为当地科研人员研究海底微生物提供能力建设，也向当地渔民传授珍珠养殖技术。毛里求斯海洋研究所所长饱含感激地说，中国是历史上最早进行珍珠养殖的国家，也是世界上最大的珍珠生产国。在中国的帮助下，毛国第一次对珍母贝实施插核育珠，实现了长久以来的梦想。这是中毛友谊的又一象征。可以预见，毛里求斯妇女戴上毛岛自产珍珠链的那一天将很快来到。

非洲人民有句谚语：一个人走得快，两个人走得远。在蓝色经济蓬勃发展的全球化浪潮中，中国和毛里求斯这两个海洋大国并肩前行，一定会拥有更加美好的未来。

出海捕鱼

第 2 节

毛里求斯文化漫谈

毛里求斯的文化有多么独特？用毛岛一个著名景点——七色土或许可以形象地回答这个问题。这个由火山喷发形成的火山岩山丘，因其复杂的化学物质组合和形成过程，在阳光照射下红、绿、蓝、黄、金、褐、紫七色璀璨闪耀，仿佛上帝打翻的调色板，不同色彩相互杂糅，同时又泾渭分明，形成了这般罕见的美丽景观。这正如由印度文化、克里奥尔文化、穆斯林文化、殖民文化、中华文化组合而成的毛里求斯多元文化，虽然文化来源不同、互有天壤之别，却彼此尊重，各自在这个海岛上慢慢繁衍新生，颠覆了人们关于"文化荒岛"的刻板印象，在人类文明史中刻下独特的笔画。

用米拼成的五彩毛里求斯

传承、抗争与新生——毛里求斯文化起源

　　1502 年 2 月 21 日，向往成为海员、追寻骑士般冒险和传奇生活的葡萄牙少年拉斐尔·卡斯特路，辞别家人来到里斯本码头，怀揣借来的 5000 金币，带着里斯本特产的砂糖，开始了自己的航海生涯。从安特卫普到象牙海岸，从彩钻水晶丝绒到罗望子玳瑁奎宁，未知的大陆，光荣的梦想，所有那些年少时对大航海时代充满朦胧憧憬的朋友都不会陌生上世纪风靡全球的游戏《大航海时代 4》中这个熟悉的开场场景。无论谁站在毛里求斯路易港的码头，望着远处海天一线的未知、高耸入天的海船桅杆和忙碌的港口，都很难抚平被唤起的

年少时那些冲动和梦想，就想去远航。

　　这就是毛里求斯，诞生于大航海时代的神奇产物，一个被中世纪阿拉伯水手称为 Dina Arobi 的荒岛，自 1507 年葡萄牙人第一次登岛至今只有 500 年历史，但因其特殊的地理及历史特性，孕育出人类文明史上独特的文化，仿佛是印度洋上不灭的灯塔。

　　与地理大发现时代中众多海洋岛屿经历相仿，毛里求斯的近代史首先是一部殖民史，没人会歌颂殖民史但也无法否定其在人类文明史上的重要地位。曾经有学者把殖民主义划分成四类，第一是西葡式，打到哪里算哪里，只钟情于土地与财富，以后属于谁都不打紧，只要大家都讲同种语言信奉天主教即可；第二种是英式，要求殖民地接受自己的制度与规范，信仰与语言可以看着办，但是税收分文不能少；还有一种是美式，只要你开放商品与资本市场，做不做殖民地都两可，信仰、制度、语言更是无所谓；最后也是最特殊的是法式，法兰西民族特有的优越感要求所有殖民地必须同化，领土最好成为海外省，从语言到宗教，从历史到哲学，甚至一举一动都要顺从宗主国。

　　于是，自 1715 年法国从荷兰人手中接过这个渡渡鸟几乎已经被吃光的岛屿时就着力打造法国文化的统治力，当时岛上除欧洲文化外主要是土著克里奥尔文化，以及伴随海员和劳工流入的印度文化和穆斯林文化。族裔文化是这般的坚强不屈，在历经近一百年强有力的同化后不仅能顽强生存下来，而且反过来对传统法国文学带来了巨大冲击。马达加斯加历史学家弗朗索瓦·雷古尔曾说："那些遥远的岛屿，从它们被发现、殖民起便承载着法国的历史和法国人的幻想。位于三大洲交汇处的安第列斯群岛、与亚非大陆交界的印度洋群岛以及太平洋上遥远的陆地都被 18 世纪探险家和哲人比作天堂，这些充满了故事、

适宜旅游、人来人往、交流频繁、人口混杂的岛屿改变了法国人关注世界的目光。"2008 年诺贝尔文学奖得主、毛里求斯法国双重国籍作家勒克莱齐奥在他的小说《革命》（*Révolutions*）一书中描绘了年轻的主人公让·马洛通过对自己家族神秘历史的追寻和对多姿多彩世界的探索而蜕蛹成蝶的成长过程。经历了这样一番升华，他清楚地了解了自己的出身，明白了"我从何处开始，我要回到何处"，他投向这个世界的目光也变得更加坚定。作者这样解释："我把我自己看作流浪者，因为我的家族完全是毛里求斯的。多少代以来，我们都是在毛里求斯的民俗、毛里求斯的饮食、毛里求斯的传说和毛里求斯的文化的哺育中成长的。那是一种糅合了印度文化、非洲文化和欧洲文化的文化。我虽然出

毛里求斯总统祭奠国父

生在法国，但我是在法国被这种文化养大的。在成长的过程中，我常常告诉自己，我真正的祖国在别处。有一天，我会去到那里，我会知道它是什么模样。"族裔文化生命力由此可见一斑。

　　经历了传承与生存的涅槃，如同于火山岩浆高温熔炼的过程，族裔文化在英国殖民期"看着办"的态度下迎来了蓬勃发展之新生，随后中华文化也融入其中，绽放出各自的靓丽色彩。这不是一件简单的事情，翻阅历史便知，多少国家难以达到族裔和谐而留下惨痛的血色历史页卷，而在这个小小的岛国，相互依存与尊重的和谐气氛成为族裔文化新生与发展的肥沃土壤，于是出现了这样奇怪的现象：一方面，几百年来，生活在同一个孤岛上，民族文化本是各族裔生存生活的寄托，每个民族都在小心翼翼呵护着自己的传统，怕被别人

打扰也不想打扰别人，所以差异性如同七色土般泾渭分明，从肤色到喜好，正如游客对于毛里求斯最经典的一句评价："The only common link between Mauritians is that they don't look like each other." 族裔文化似乎相互之间毫无关联；另一方面，无论来自哪个民族，都以毛里求斯人身份为豪，看似毫无共同点的各个族裔在潜移默化中被共同的国家命运、历史、语言（克里奥尔语）紧密联系在了一起，当地著名诗人 Khal Torabully 的一句："或许我们以前来自不同星球，但是从现在起，我们是兄弟姐妹"正解其意。

于是，在这种共通的语言与和谐环境中，不同族裔文化开始不经意间相互影响，仿佛是天然嫁接般无痕，由此蔓延到文学、诗歌、绘画、雕塑、舞蹈、音乐中去。而今走在大街上，如逢毛里求斯节日，你会发现浑身钢针入肤的泰米尔人在路人的节拍中自由舞蹈；宗教绘画中出现了更多印象派油画的痕迹；撒红节的颜彩也喷洒在黄色、白色皮肤的笑颜上；印度和穆斯林传统舞蹈着装动作表现手法上增加了更多的现代化元素；唐人街节庆烟雾缭绕的春祭秋祭，喧闹的舞龙舞狮，水秀扇舞中夹杂着许多开心的黑人小伙。这一切，或许只有在毛里求斯才能见到。

迷茫与皈依——"毛里求斯民族性格"与其文化表现

提到岛国就免不了被烙上"岛国心态"、"岛国根性"这类词汇的印记，但这个以殖民历史为主和族裔文化旺盛的美丽小岛，似乎对"心胸狭隘"、"目光短浅"、"缺乏从容之根性"这种内向收敛的社会文化特征免疫。美国人类学家鲁思·本尼迪克特（Ruth Benedict）的著名作品《菊与刀》（*The Chrysanthemum and the Sword*）中阐述了日本民族性格不同于英国等海洋文

化外向、冲破束缚、探索冒险的精神，而是一种被海洋隔离的农耕文化：保守、恐惧。与这些原生觉醒的岛国相比，毛里求斯民族更兼具海洋文化和农耕文明的特点，殖民主义的命令式冲击让毛里求斯没了发展选择，虽然少了引以为傲的发展史，但好在避免了发展中反复试探的纠结。对日本人描述中的"极其好斗而又温和、顺服而又不愿受人摆布"的岛国根性全无踪影，在这里变成了"充满勇气、自信却又迷茫、天性乐观而且包容"的独特民族性格。

勇气、自信与迷茫

勇气与自信，就像是孪生兄弟。毛里求斯的出现本身就是大航海时代的产物，勇气何来无需赘言，自信则需要为历史所证明，而这些勇气自信踩踏下的失败与无助，则演变成了迷茫。所有这一切，造就了毛里求斯民族性格中勇于探求自然与人性、自信而又迷茫的一面。

中世纪航海家之所以在毛里求斯驻足的原因是因为在经过好望角的狂风巨浪以后，有这么一座比较大的岛屿可以供他们休息和补给，然后东方印度的满地金银就已经出现在航海家们的梦乡里，仿佛唾手可得；殖民者厌倦了欧洲的纷争，带来了甘蔗种植、航海业和造船业，来到世外桃源追寻发财新路和安宁；来自印度、中国、非洲的劳工也涌入这个岛上追寻梦想，盼望赚到钱能早日回家与亲人团聚。梦想与荣耀在这里汇聚，哪怕再多苦难与艰险也无所畏。一方面，在东方寻找宝藏的航海家满载而归，创造了一个又一个神话；白人农场主依靠奴隶血汗富得流油，毛里求斯也日渐成为非洲最富裕的国家之一，良好的基础使如此弹丸之地创造出日后的毛里求斯经济奇迹，傲视非洲，信心爆棚；另一方面，葬身海底的航海家、水手的骨骸，失落的驻守荒岛的士兵和殖民者，一批又一批没有实现梦想而迫不得已留下来的劳工，虽然来自不同族群，世界的不同地方，但是他们守望着一样无边的海水，一样思念故乡的亲人，再也回不去了，永远也回不去了。Edouard J.Maunick 在他诗选集 *Les Oiseaux du sang*（1954；英译 "*The Birds of Blood*"）和 *Les Manèges de la mer*（1964；英译 "*Taming the Sea*"）中就表达出了这种漂泊无根的孤独感，以至于到最后他完全放弃了感伤的追根溯源，选择在一个新的环境中重新开始塑造自己的性格。

　　类似的对人性的思考、在自然中冒险、在困境与矛盾中挣扎的描写在毛里求斯文学作品中俯拾皆是。Natacha Appanah 的第一部小说 *Les rochers de Poudre d'Or* 反映了 19 世纪印度劳工在甘蔗地中日复一日辛劳，看不见希望的困境；Lindy Collen 的作品 *Boy* 通过一个男孩经历过宗教、内心痛苦挣扎后自我发现的过程，同样反映了这种典型的文化性格。回过头看，这种原始自我发现与认识的过程似乎都能从毛里求斯作家经历中找到痕迹。

　　关于这一点的分析，毛里求斯 20 世纪著名作家、诗人和画家马尔科姆·德·夏泽尔（Malcolm de Chazal，1902-1981 年）的经历便是典型的佐证。夏泽尔于1945 年前后创作的《思想》（*Pensée*）和《柔软的感觉》（*Sens Plastique*）等格言集子，以其对人类、社会和自然的敏锐洞察力和独到阐释而名震一时，为其在法语文坛赢得了 "自由思想者" 的美名。《柔软的感觉》后由翻译家 Irving Weiss 译成英文，在英美文坛继续发挥着影响，至今仍被列为畅销书之一。但是，或许很少有人知道他其实一辈子绝大多数时间都是作为农业学家待在毛岛的甘蔗种植园里的。夏泽尔大学学的是工程专业，后来从事的是农学和电信工作，这本与文学风马牛不相及，但或许是这里独特的性格特点给了他独特的

天堂原乡
——
毛里求斯

灵感。《快乐岛上的天才》一书中记载，夏泽尔小时候生性孤僻，每逢长假总是随父母去海边游泳和出海，尽情释放天性。他在书中写到：

> 大海 / 无限的琼浆被有限的浪花包裹着 / 浪花是海水的一部分，密不可分 / 同样的，有限亦是无限的一部分 / 无尽的大海的浪花 / 折射出的是意识

或许正是毛里求斯的原始美景与独特性格赋予了夏泽尔和那么多作家无限的想象力、天赋与自我发现的动力吧。

当然，海岛天然的屏障和不发达的信息传递虽然切断了与原发文明的联系，却在客观上起到了保护的作用，促进了族裔文化的相对独立的传承。因为当人被困孤岛又不见希望时，精神上的归属性便成为仅次于生存属性之外最重要的部分，这便也是族裔文化生命力如此之强的重要原因。于是今天在岛上可以看到中华文化中在世界上保护得最好的客家文化，从习俗到语言，中国国民党荣誉主席吴伯雄曾说，这是我走遍世界听到的最纯正的客家话；任何一个周末在圣水湖旁漫步，你都能见到印度裔一家老小几十口到湖边朝拜小聚；每天固定时间清真寺中响起的阿訇洪亮的念经声，纵使如今西方快餐文化如何盛行，家族与传统仍旧占据着毛里求斯人生活中重要的部分。

乐观与包容

山羊皮制成的拉瓦纳手鼓（ravane）拍起来，马拉瓦纳木沙盒（maravann）沙沙作响，三角铁清脆的声音在海边回荡，姑娘们赤脚露脐，手牵着的长尾花裙与跳动的篝火应着节拍，什么酒都不需要，脸上就面色红润，最吝啬表情的人也满是笑容。

塞卡舞绚影

毛里求斯有一句名言："每一个毛里求斯人都是在塞卡舞（Sega）的伴随下长大的"。听惯了 Ti Frère、Kaya、Menwar、Eric Triton 等经典塞卡曲目，感受着曲目中洋溢的欢快的灵感和希望，很难想象这原本是表现黑奴穷苦生活的舞蹈。是因为地处在非洲这块神奇的大陆，乐观总是会传染？还是因为每日对着蓝天白云，沙滩大海，美景总让人忘记悲伤？长谷川如是闲的《日本的性格》一书中就把"由于天灾频繁影响缺乏悠闲气质"归纳成为日本人性格中很重要的短处。而在毛里求斯人骨子里，就有一种因为包容所以乐观的天性，仿佛是被上帝眷顾的自豪，这一点可以从众多毛里求斯著名画家作品中非常直接地体会到。

走遍岛上各处的画廊，无论是 Khalid Nazroo、Vaco Baissac，还是 Amrita Dyalah、Nita Treeboobhum 的作品，很多创作的灵感都由毛岛独特的风景和生物激发而来，所以艳丽的色彩和似曾相识的景与物总会让人感觉到一种独特的毛里求斯韵味。

前文提到的夏泽尔1950年才开始在立体派大师、法国画家乔治·布拉克（Georges Braque）的建议下开始作画，和许多毛岛画家一样，美景依旧是其主要的创作题材，在其超现实主义笔触之下流淌出五色杂呈的海洋、橙色的帆船、蓝色的椰树还有红绿黄相间的远山。很多人都不能相信一位年近50的

天堂原乡
——
毛里求斯

中年人会有如此"幼稚"
的画风,很多人都认为,
毛里求斯的雕塑与绘画
过于简单和写实,毛里
求斯没有自己独特的文
化,只是族裔文化的简
单拼凑。但是毛里求斯
人却不这么想,在他们

眼里,七色土少了任何一种颜色,就不再是最为独特的了。世界很大,但是能
够抓住的东西其实很少。省略过多的复杂和功利主义,才是生活,才是世界本
身的样子。这种包容的心态使人心胸宽广,更为自信与乐观。但正如夏泽尔所
言,"女人让男人变成诗人,而孩子使人成为哲人"。

　　久居毛岛,会越来越清晰地感受到毛里求斯民风中海风一般的清新,会逐
渐地被毛里求斯的文化唤醒内心中更为纯净的自我。可能正是远离尘世的喧嚣,
常伴纯净的美景与人,那么多作家、诗人、画家才能触发无尽的灵感。圣-皮
埃尔的《保罗与维尔贞妮》中那不朽的爱情故事可以佐证。

第 3 节

乡关何处

毛里求斯曾是西南印度洋上一个无人居住的荒岛。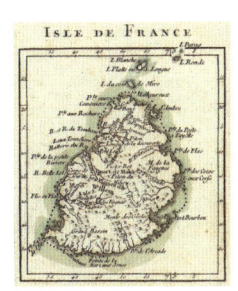1598年荷兰人首次登陆，并以王子莫里斯的名字为这个小岛命名。此后300年，法国人、英国人先后在这里殖民。殖民扩张伴随着罪恶的奴隶贸易。300年间，数十万来自非洲、南亚、东南亚的奴隶、劳工以及欧洲下层白人被连根拔起，流放到这里，成为岛上主要的居民和建设者。20

毛里求斯殖民时期地图

世纪，去殖民化浪潮席卷全球。毛里求斯人经过不懈的斗争，终于在1968年结束英国的殖民统治，成为一个独立的主权国家。独立后的毛里求斯经济迅速发展，成为非洲发展中国家中人均收入最高的国家。

独特的历史造就了毛里求斯独特的人口种族结构。全国人口中有69%是印巴裔、27%是克里奥尔人（欧洲和非洲人混血）、2.3%是华人，还有1.7%是白人。印巴人带来了印度庙和清真寺，欧洲人带来了基督教堂，华人带来了关帝庙。于是多元种族、文明的汇集与交融成为毛里求斯令人惊叹的风景。

但有人的地方就有冲突。原本散落于世界各地的居民被割离故土，在新的土地上重新拼凑，必然产生隔阂。于是，如何构建一种超越族群的国家认同来黏合起破碎的族裔版图，考验着这个岛上每一任治理者的政治智慧。同时，随着时间的推移，富裕起来的岛民日益迫切地找寻更深层次的认同和归属。他们并不满足于"毛里求斯人"的身份，而是将目光循着祖先的脚步投向大洋彼岸的土地。或许，那里才是他们真正的故乡。

民众对"寻根"的渴求与政府对"融合"的期盼似乎成了一对此消彼长的矛盾，体现在社会生活中的方方面面。解决它需要长期的摸索，但博弈的过程本身或许就是人类群体自我探寻与建构的一种尝试。

语言：尴尬的母语

毛里求斯讲什么语？初来毛里求斯的人常常会问。要完整地回答并不容易，因为毛里求斯是一个多种族聚居的国家，没有宪法指定的官方语言。从公共治理到私人交流，这个小岛国上的生活空间被不同的语言所占领：政府行政、法律文书、企业管理多用英文，媒体、学校、社会生活常用法文，各个族裔内部则常用祖籍国语言彼此交流，比如印度教徒讲印地语，泰米尔人讲泰米尔语，穆斯林间讲乌尔都语。但在毛里求斯最普及、最日常的通用语言还数克里奥尔语。

毛里求斯克里奥尔语是与这座小岛的殖民历史相伴相生的一种本土混合语。它以法语为基础，融合了英语以及其他非洲和亚洲语言，经过几个世纪的演化逐渐成为一门独立语言。从官员到百姓，从出生到死亡，克里奥尔语浸透到了几乎每一个国民最本真的生活中：不论是政治集会上的宣讲呐喊，还是和菜场摊贩的讨价还价，无论是综艺节目上的嬉笑怒骂，还是街坊邻里的家长里短，克里奥尔语是毛里求斯最日常的语言，是这个国家人民的母语。

然而 2012 年以前，毛里求斯克里奥尔语既没人教，也没人学。根据当时的小学教学大纲，英语和法语是必修课，此外学生可以选修一门东方语言：印地语、乌尔都语、泰米尔语、马拉地语、泰卢固语、阿拉伯语或者汉语，唯独没有克里奥尔语。

2012 年 1 月，毛政府正式通过法案，将克里奥尔语引入小学语言选修课。法案一经通过就遭到了来自社会各界，尤其是学校老师和家长的强烈质疑，甚至反对。他们普遍认为，克里奥尔语不是国际通用语，也不是毛里求斯的官方语言，它作为一种殖民统治的次生语，长期作为口语传播和使用，既缺乏历史，也没有文学。透过这门语言，人们没有过去可供回首，也没有未来可以展望——出了毛岛，这门母语一无是处。

的确，在毛里求斯，一个人要想找到一份体面的工作或是出国深造，他会苦

练英文或法文，而要想找寻感情上的归属，他会去祖籍国开设的文化中心学习印地语、泰米尔语或是中文。相比之下，作为母语的克里奥尔语显得"无用"而贫瘠，殖民历史投下的阴影让它更显得鸡肋而尴尬。

克里奥尔语的处境从某种程度上说是毛里求斯国家认同的一个缩影。在这个年轻的移民国家，各个族裔作为祖籍地的分支在这里的社会丛林中展开竞争。"毛里求斯人"只是这五颜六色的族群版图上一层浅浅的水印。

宗教：故乡的召唤

印度裔是毛里求斯第一大族裔。他们说着克里奥尔语，唱着毛里求斯国歌，但在宗教信仰、生活习俗上几乎完全和南亚次大陆保持一致。

印度裔的祖先大多是1834—1912年间被英国人从印度带到毛里求斯的雇佣劳工。1835年奴隶制废除后，这些印度工人替代被解放的黑奴继续在甘蔗种植园从事繁重的体力劳动。

和最初来到毛里求斯没有任何自由和权利的黑奴不同，来自印度的劳工采用雇佣制，每五年续签合同。这些人虽然同样饱受剥削，却拥有了一定程度上的行动自由和聚集居住并组织社会生活的权利。于是他们仿照印度洋彼岸的故乡修建起村庄、神庙，开办起教授旁遮普语语言和文化的夜校（baithkas）。每天晚上，结束一天劳作的工人聚集在夜校、庙宇中祈祷，学习。

宗教常常是教化的载体、凝结的纽带，而对

印度庙

湿婆节圣水湖朝圣

于这些雇佣劳工来说，宗教，就是他们的根。

1897年，岛北的一个印度教僧侣声称梦到在岛的南方有一个湖泊与印度的恒河是相通的。消息迅速传开。这名僧侣跟其他几位朋友也很快开始寻找圣湖的旅程。最终一行人来到火山喷发形成的一片水洼。僧侣声称这就是他梦中的圣湖。从此，每年到湖边朝圣成为毛里求斯印度人的最重要习俗。1972年，一位僧侣从恒河取水，并回到毛里求斯与圣水湖水混合。于是这个湖正式更名为 Ganga Talao。时至今日，圣水湖已经成为所有毛里求斯印度教信徒的圣地。每年湿婆节的徒步朝圣是印度以外最大规模的朝圣事件。

印度裔对故土的眷恋和执着，让这个本就不大的小岛国充满了南亚风情。而他们压倒性的人口比重也使得他们成为政治、经济、社会等各领域公共生活的主体。由此产生的结构性不平等以及族群分化加剧势必引发其他种族的抵制和抗争。

身份：克里奥尔人的呐喊

克里奥尔人是毛里求斯除印度裔之外的第一大族群，占总人口的近30%。他们是非洲奴隶的后人，又有着不同的欧洲祖先。他们没有原生的宗教和语言，他们的符号是一种名叫塞卡的音乐和舞蹈。塞卡节奏欢快，舞步却并不花哨。这似乎再次暗示着它的起源：它是带着镣铐的黑奴之歌。

如果说毛里求斯的印度裔还有故乡可以眺望，对于混血的克里奥尔人来说，非洲和毛里求斯对他们同样陌生。他们和克里奥尔语一样，除了毛里求斯，他们没有别的故乡。然而在印度裔主导的国家生活中，克里奥尔人长期在边缘地带游离。毛里求斯8%的贫困人口中，多数是以农业和捕鱼为生的克里奥尔人。

天堂原鄉

——毛里求斯

1999 年 2 月 21 日，刚刚独立 30 年的毛里求斯爆发了历史上的第一次大规模族群骚乱。大批克里奥尔人走上街头抗议示威，发泄不满。他们抢劫商店、银行，焚烧汽车，打砸政府办公楼。这场撕裂全国的骚乱持续了四天，整个国家运转停滞，造成多人死亡。

卡亚

骚乱的直接起因是一位名叫卡亚（Kaya）的克里奥尔歌手因涉嫌在演唱会上吸食大麻而被警察逮捕，并在狱中死亡。克里奥尔人相信，卡亚是在狱中被一名印度裔狱警殴打致死。而卡亚在他们心目中，是一种象征和骄傲。

的确，卡亚用自己创作的音乐赋予了克里奥尔人一种全新的积极的文化身份。他将传统的塞卡（Sega）与牙买加黑人的雷鬼（Reggae）相结合，创造了一种新的音乐形式——赛加（Seggae）。他的歌充满了正能量：他为底层弱势群体发声，为扫除迷信、巫术呼喊，他歌颂爱情，吟唱忧伤，为毛里求斯多元文化的国家意识注入了一股前所未有的新鲜血液。

卡亚之死，犹如一座灯塔，轰然倒塌。

虽然后来的尸检排除了警方的嫌疑，但该事件迫使印度裔主导的政府承认与克里奥尔人的问题，并着手在公共政策的制定上从根源上对问题进行矫正。

华裔：父辈的乡愁

毛里求斯华裔约占全岛总人口的 3%，大多数来自广东梅县的客家人。200 多年前，他们的祖先或被奴役，或为经商，漂洋过海来到这里，成为工人、铁匠、木匠、裁缝，扎下根来。经过世世代代的艰苦奋斗和诚信经营，今天的毛岛华人不仅已

毛里求斯的中国小镇

成为岛上第二富裕的族裔，而且获得了较高的社会声誉和地位。他们同样讲着克里奥尔语，勤恳建设家园的同时也把自己的孩子送到中国文化中心和华文学校学习中国文化，尽管中国是很多老人这辈子再也回不去的故乡。在他们的努力下，毛里求斯成为唯一将春节定为国家法定假日的非洲国家。时至今日，老一辈华侨仍然坚持收看中国新闻，烧着客家口味的年夜饭。而年轻的华人成年后大多离开毛里求斯。他们利用这里英法双语的语言优势，到英国、法国、澳大利亚、南非去寻找更好的未来。

认同：漫长的征途

毛里求斯有两处联合国教科文组织认定的世界文化遗产，其中一处是位于岛南的莫纳山。山上荒无人烟，也没有建筑遗迹，它为人所知仅仅是因为一个关于奴隶的传说。19世纪初，有一群奴隶逃亡到半岛上避难，躲在山顶以保证自己的自由。据说这群奴隶逃亡之前并不知道奴隶制已经废除，于是在看到一队士兵向悬崖行进时变得十分惊恐。他们坚信这群士兵出现是为了把他们抓捕回去，于是纷纷从悬崖上跳下身亡。而这座岩石山也因此而得名，"莫纳"（le morne）的含义是"悲鸣"。

虽然没有历史记录来证明这个传说，但它在毛里求斯几乎家喻户晓，是他们的奴隶留下的回声，是对这个小岛殖民历史的一种见证。这在申遗成功的过程中起到了关键作用。

诚然，奴隶祖先和被殖民的历史对任何民族都不是值得炫耀的过去，但历史

本身需要正视，因为正视历史就是正视自己最真实的面目，一个民族只有正视自己的过去才能脚踏坚实的大地稳固地建构自己的未来。

如今，毛里求斯人依旧在为夯实"毛里求斯人"的身份认同不懈努力。2014年，毛里求斯通过一份宪法修正案，规定大选候选人可以不再申报自己的族裔身份，作为毛里求斯人直接参选。2015年11月，毛政府举办了第十届克里奥尔文化节，同时提出将克里奥尔语引入议会讨论使用。有关提议必然再次引发争议，但争议本身意味着协商，而协商是一个多种族聚居的年轻岛国建构国家认同的必由之路。

和300年殖民历史相比，这里的一切才刚刚开始。

> 曾经我的世界一片黑暗
>
> 曾经我的生活没有光明
>
> 今天我看到了真理
>
> 我要向全世界证明
>
> 诚实，是我们必由的路径
>
> 在一起，是我们的宿命
>
> 毛里求斯的人民
>
> 我们要心怀怜悯
>
> 我们要牢记初心
>
> 我们要团结互助
>
> 我们要万众一心
>
> 这是真理之路
>
> 通往永恒的路径
>
> ——卡亚《真理之路》（sime la lumiere）

第三章

海岛览胜

　　每个人心中都有一座岛。来到美丽的毛里求斯，无论是想与爱人徜徉在棉柔的细沙海滩边，享受朝阳落日，还是和三五好友远足攀岩，出海畅游，体会活力友情；无论是饕餮原汁原味天然秀色，感叹大自然鬼斧神工，还是抚摸残垣古壁，追寻历史记忆；在这座神奇的岛上，都能找到属于你的那片乐土，契合你现时的心情。海岛览胜，让我们沿着既定的足迹先初尝一番毛岛的美吧。

第 1 节

北线

皇家植物园——糖业博物馆——大湾——红顶教堂

植物园入口

皇家植物园（The Royal Botanical Gardens of Pamplemousses）

庞普勒穆斯皇家植物园始建于 1735 年，最初是法国总督拉波多内（La Bourdonnais）的私人花园，名为"我的花园"。1768 年法国园艺家皮埃尔·普瓦沃（Pierre Poivre）迁居到此，开始引进世界各地特有的植物和动物。经过两个多世纪的经营，现已成为一个占地 60 英亩的大型植物园。1988 年，为纪念已故的毛里求斯开国总理西沃萨古尔·拉姆古兰爵士，该园更名为西沃萨古尔·拉姆古兰爵士植物园，园里有拉姆古兰墓地。

园中有 500 多种珍稀植物，单单是兰花就有 60 个不同的种类，还有 80 种从巴西、马达加斯加和中国等地引进的棕榈科植物和近 20 种西南印度洋特有物种，包括巨棕榈树、辣椒树、乌木树、红木树、露兜树和蒲葵属植物等。植物园内池塘中有珍稀的亚马孙睡莲，莲叶直径一般在 2 米左右，是世界上最大的，可以承受住一个婴儿的重量。植物园内的一棵葡萄柚树原产地是爪哇，传说 300 多年前运输此树过程中因海船缺乏蔬菜、水果、干净的饮用水，300 多人为此付出了生命，为了纪念历史上逝去的那些人，这个园地包括这个地区都以葡萄柚树的法文"Pamplemousses"来命名了。

皇家植物园的巨型睡莲

　　毛国还有一项外交传统，外国领导人来访时，毛国政府一般会安排参观植物园、向拉姆古兰墓献花圈并植树留念。园内有我国国家领导人种植的友谊树。

糖业博物馆（L'Aventure du Sucre）

糖业博物馆

糖业博物馆于 2002 年 10 月 28 日正式对外开放，坐落在一所于 1999 年废弃的古老制糖工厂里，经三年改造而成。博物馆内的图片以及真实的制糖机器诉说着与制糖工业息息相关的毛岛发展历程。大厅的那艘船是当年毛里求斯将甘蔗运输到马达加斯加的工具。展厅陈列了 15 种口味各异、功能不一的糖，游客还可以在博物馆的纪念品商店品尝挑选种类多样的糖制品。

大湾（Grand Baie）

大湾是毛里求斯西北部海岸的一个港湾小镇，位于路易港以北20千米处。这个昔日的小渔村现在已经发展成为毛岛最著名的疗养胜地和度假天堂之一。沿着港湾形成一片蜿蜒的白色沙滩，岸边有很多餐馆、酒吧、音像店和纪念品

大湾

商店，吸引许多游客到这里垂钓和体验水上运动。大湾附近还有两座较大的购物中心，供游客休闲购物。

红顶教堂（The Red Roof Chapel）

红顶教堂位于毛岛最北端马乐赫角（Cap Malheureux）镇，该镇是英国人攻占毛岛部队驻扎之地。这座由法国人建造的有着红色屋顶、名叫 Auxiliatrice 的圣母院教堂虽然小，但建筑工艺精湛，白墙、红顶的建筑衬着绿色草坪及院后湛蓝海水，成为毛里求斯明信片绝佳的取景地。近年来，陈小春和应采儿等多对明星夫妇都在这里拍摄蜜月婚纱照，自然也有许多国内蜜月夫妇追随而来。在红顶教堂、

红顶教堂

自然风光和浓烈阳光的映衬下，拍摄浪漫的婚纱大片从来没有如此容易！

第 2 节

中线

路易港——台伯山——圣水湖——火山口——黑河峡谷国家公园——七色土——茶园

路易港赌场

路易港（Port Louis）

中央市场（Central Market）

路易港的中央市场是当地传统生活的中心，各种原料和产品都聚集于此。它形成于18世纪，兴起于19世纪，繁荣于20世纪，至今仍然车水马龙，是全岛最著名的商品集散地。市场里各类手工艺品、毛国红茶、亮丽的印度纱丽、印度香料、非洲宝石等一应俱全，是非常好的手信。旁边的菜市场内可以买到毛岛的新鲜蔬果。

战神赛马场（Champs de Mars）

位于路易斯港市中心的战神赛马场是毛里求斯人周末生活的中心，是世界第二古老、同时也是南半球最古老的赛马场，由英国官员德雷珀上校建造。1812年6月25日，毛里求斯在此举行了有史以来的第一场赛马比赛。赛马通常在每年3月底至12月初的周六或者周日举行，每次都会吸引近3万人前来观看。值得一提的是，毛里求斯赛马会（Mauritius Turf Club）是世界上第二古老的赛马俱乐部，仅次于英国赛马俱乐部。

炮台山（La Citadelle）

炮台山位于路易港中心，在山顶可俯瞰整个市容。山上城堡建于1834 至 1840 年，以当时英国王妃阿德莱伊德（Adelaide）的名字命名，修建时的主要目的是预防当时旨在推翻奴隶制度的反抗运动。该城堡曾因长年弃用而成为废墟，上世纪90 年代被重新翻修，成为路易港的 著名景点。

炮台山

唐人街（China Town）

有海水的地方，就有华人。在毛里求斯的唐人街，你能看到 200 多年来华人在此生活的痕迹，古老的街道，一家又一家韵味独特的中国小商店里，琳琅满目的中国商品应有尽有。这里每年都会举行大型的春节庆典，体现了毛国政府对当地华人和中国文化的高度重视。

唐人街

关帝庙（Kwan Tee Pagoda）

首都路易港有 7 座关帝庙，最大的一座建于 1842 年，已有 170 年历史。它不仅是毛岛关帝庙的祖庙，更是非洲最早的关帝庙。祖庙由本地华侨华人慷慨捐款兴建而成，是祭祀祖先、思念祖国、裁决纠纷、救助残弱的中心。值得一提的是，毛国邮政局于 1981 年 9 月 16 日发行《宗教与文化》邮票一套 3 枚，其中第 3 枚以位于路易港的关帝庙内景为主图，更是一枚难得的关公专题邮票。从邮票中可以清晰见到关帝庙内雕工精细、金碧辉煌的神龛及其中供奉的关帝雕像。

蔻丹广场（Caudan Waterfront）

蔻丹广场是路易港的购物中心，集中了各式各样的商铺。在这可以买到当地纪念品、名牌服饰、化妆品和珠宝首饰等。蔻丹广场风景怡人，餐厅、赌场、步行街一应俱全。从广场就能看到港口内停泊的一艘艘渔船、游艇，还有毛里求斯海岸警卫队的巡逻舰艇。

台伯山（Le Thabor）

在毛岛的群山之间，有一座临渊的通体洁白的城堡状教堂，毛岛人称之为台伯，与耶路撒冷的圣山同名，可见其在当地天主教信徒心中的分量。19 世纪英国自然学家达尔文和 20 世纪末教皇让·保罗二世都曾在此居住，更为这座建筑增添了传奇色彩。教皇居住的屋子如今仍然大致保留着当初的模样。1834 年，英国籍土木工程师约翰·罗伊德（John Lloyd）设计并建造了这座建筑，取名为白塔，此后捐献给了路易港教区，作为教士的居所。1979年，这座教堂连同其所在的土地开始被称作台伯山，时至今日，一直发挥着传教育人的功用，是毛岛人心中的信仰坐标。在它面前流淌的赛什河（Rivière Sèche），数百年间静静聆听着从四面八方汇聚而来的信徒们的虔心祷告。

台伯山

圣水湖（Grand Bassin）

圣水湖位于毛岛南部，是毛岛最大的淡水湖，被当地人们视为圣湖。湖泊由火山喷发形成，湖边耸立着一座印度教湿婆神巨像，接受着来自国内外信徒的朝圣。每年 2 月或 3 月间的湿婆节（Maha Shivarati）期间，许多毛国印度教信徒都会举家扛着或拉着自制的湿婆像，徒步前往圣水湖膜拜。

火山口（Trou aux Cerfs）

火山口位于毛岛中部的鸠比市，是毛岛"火山爆发诞生论"的明证。火山口形状呈凹陷的圆形，表面直径 350 米，底部直径约 180 米，深 85 米。火山口底部布满青草和泥泞的沼泽，四壁则绿树茂密，宛如绿色地毯般美丽。在山上极目远眺，能将鸠比市景和四周连绵的山脉尽收眼底，令人不禁赞叹好一派自然风光。围绕山势修建的环路特别适合晨练慢跑。

黑河峡谷国家公园（Black River Gorges National Park）

黑河峡谷国家公园占地 6754 公顷，是毛里求斯最重要的自然遗产保护区，园内约有 311 种本地特有花卉植物和 9 种特有鸟类。园区内黑河山的最高点——黑河峰（Black River Peak），高达 828 米，峰峦起伏，百涧奔流，是登山爱好者的乐园。

七色土（Seven Coloured Earths）

七色土是毛岛西南部一处由七种颜色构成的彩色山丘，大小接近半个足球场。每当阳光灿烂，就会折射出绚烂的七彩光芒，这种奇观举世罕见。18 世纪时，一位名叫查马雷尔（Chamarel）的法国爵士发现附近的甘蔗田郁郁葱葱，唯独这里寸草不生，泥土的颜色也与周边不同，于是邀请地质学家前来考察，七色土才得以展现在世人眼前。

七色土的形成主要是因为火山岩融化后冷却的速度不均，火山灰里的多种金属成分遇海水后形成多种不同颜色的金属化合物，在阳光照射下便产生出奇异光彩。此外，地质学家还曾做过一个实验，就是将不同颜色的彩土混合后放入试管中，经过数天搁置，它们会自动分层，彼此泾渭分明。

茶园

茶园 (Bois Cheri Tea Garden)

　　茶园坐落在岛西南，始建于 1892 年。由茶园、茶厂、茶博物馆三部分组成。茶厂采用机械化作业，生产各种热带口味的袋装粉末红茶，除正常生产外，还向来自世界各地的游客开放参观，介绍本地红茶的生产过程和工艺。毛岛红茶有着悠久的历史，曾经是英国王室的最爱。茶博物馆中陈列的古旧制茶机器、器皿和茶具，无不在向游客们展示毛岛红茶的骄傲历史和文化。

第 3 节 ｜ 西线

塔马兰看海豚——摩尔山——水下瀑布——鸟公园

塔马兰

塔马兰（Tamarin）看海豚

塔马兰位于毛岛西部，是出海观看海豚的圣地。出海不久即可看到海豚围绕船只嬉戏，如果运气好还能看到成群结队的海豚。游客可以准备好浮潜设备，与海豚在水中共舞。这里海浪稍大，也是冲浪等水上运动爱好者的天堂。

摩尔山（Le Morne）

摩尔山在 2008 年正式被联合国教科文组织列为世界文化遗产。它的自然景观保存完好，几乎都是原始美景。除了令人窒息的自然风光让人驻足外，它在毛里求斯的历史记忆中占有非凡的地位。在整个 18 世纪和 19 世纪早期，这里因山势险峻、地形隐蔽、绝壁环绕，成为毛岛许多奴隶寻求自由的避难所。成功逃离蔗田奴役工作的奴隶们，带着铁链攀爬到 556 米高的摩尔山上，并在洞穴和山顶

摩尔山

上建立起小型定居点。1835年英国殖民者宣布废除奴隶制，以进口"契约劳工"替代，并于当年2月1日派遣当地警察上山通知藏匿其中的奴隶们已获自由。但当地奴隶误以为这队人马是来抓捕他们的，怀着"不自由、毋宁死"的决心跳崖自尽。从此，摩尔山成了反对奴隶制的象征，每年的2月1日也成了毛里求斯废除奴隶制纪念日。这座山及其周围环境已经成为圣地，受到世人的尊重。

水下瀑布（Underwater Waterfall Illusion）

水下瀑布

在摩尔山旁边的海中，有一个独特的景点，被称为水下瀑布。但是游客只能从空中俯瞰才能欣赏到这种令人惊叹的美景：沙子和淤泥在这里不断地往水下的一个海沟沉积，给人一种水下瀑布的感觉，颇为壮观。

天堂原乡
——毛里求斯

鸟公园

鸟公园（Casela Nature & Leisure Park）

鸟公园位于黑河区，占地面积14
公顷，于1979年建成。公园饲养着
21个族类的2500多只鸟，如南美大
鹦鹉、巨嘴鸟、粉红鹳以及丹顶鹤和
冠鸠等珍稀鸟类。园内的世界鸟类标
本陈列馆也很吸引人，另外还有水族

鸟公园入口

馆等。园内的狮虎、豹子、狐猴、斑马、袋鼠等动物等待着游人坐车造访，还能
体验狮虎同行的惊险刺激。园内活动项目丰富，越野摩托、越野车、体感平衡车
让游客与大自然亲密接触，印度洋最长的滑索和吊桥也足以让挑战者胆战心惊。

第 4 节

南线

鳄鱼公园——哭石与观浪台——自然桥——蓝海湾

鳄鱼公园

鳄鱼公园（Vanille Crocodile Park）

鳄鱼公园是毛岛南部颇有特色的动物园，不仅是印度洋地区最大的昆虫标本馆，也是2000多条尼罗河鳄鱼的家园。园内茂密的热带雨林景观也颇为引人入胜。该地曾为香草种植园，后来澳大利亚动物学家欧文及其毛里求斯籍妻子发现该地适于养殖尼罗河鳄，于是从马达加斯加引入鳄鱼。目前该园是毛岛饲养和繁殖鳄鱼的基地，除供观赏外，还售卖鳄鱼标本、鳄鱼皮包、皮带和首饰等手工艺品。园内设有快餐厅，可供游客品尝鳄鱼肉。园内还有世界上最大的象龟饲养场，最老的已近百岁。

哭石与观浪台（Gris-Gris）

哭石位于毛岛最南边，因其海边岩壁陡峭和海浪拍击的气势闻名。因岛南珊瑚礁较少，海浪没有阻挡地击打在焦黑的岩壁上，发出阵阵声响，浑如凄婉的哭声，却有种无法言说的美。坐在建于悬崖上的观浪台看岩壁的哭石，是一种独特的视听感受。

哭石

自然桥（Pont Naturel）

穿过岛南一片茂密的甘蔗林，在海边的悬崖峭壁上有一条天生的自然桥，令人不得不感叹大自然的鬼斧神工。海浪在桥下吐着白沫，汹涌地翻滚。行走至桥中部，或许会产生孤悬于海天之间的无助和恐惧之感，但翻越之后却让人回味万千。

自然桥

天堂原乡

——毛里求斯

蓝海湾（Blue Bay）

　　蓝海湾位于毛岛东南部，临近机场，是毛里求斯最美的珊瑚保护区，拥有 38 种珊瑚和 70 种鱼类。沙滩柔软细腻，海水蔚蓝醉人。游客可选择乘坐玻璃底船观看清澈的水下世界，体验不一样的感觉。

蓝海湾

第四章

历史在这里凝固

毛岛是年轻的，它的地质史仅能上溯800万年；它有文字记载的500年历史是丰富的，给我们留下了太多值得去发现的东西。岛上有星罗棋布的博物馆，也有联合国教科文组织认可的人类文化遗产，还有那些刻满岁月痕迹的风格各异的建筑，它们共同揭示着毛里求斯各族人民长期以来的生产生活和适应自然改造自然的斗争。穿行其间，可以倾听历史的回声，可以发思古之幽情，可以启智慧，松身心。无论是匆匆过客还是常住居民都不会错过这些好去处。

第 1 节

写满记忆的窗棂砖瓦

就好像卡尔维诺在《看不见的城市》中描绘的那样，一座城市的记忆都印刻在窗棂、街角、砖瓦之上，毛里求斯也不例外。由于原本是座无人岛，毛岛的人口、聚落及城市均始于西方的殖民扩张，这也在一定程度体现在至今尚随处可见的老房子上。

草庐的圣路易庄园

　　在毛里求斯，大家通常不叫它们"老房子"，而是称作"殖民建筑"。荷兰殖民者虽然在岛上居住了近百年，但似乎从来没有做什么长期打算，建筑基本上是就地取材的树木和茅草，一次大规模的飓风就可以全部摧毁、打回原形。岛上像样子的建筑始于18世纪初法国殖民者的到来。为抗御飓风袭击，他们不辞劳苦地从邻近的波旁岛（今天的留尼旺）甚至法国本土运来部分建筑材料，大规模地开采岛上的火山岩，着手建造永久性的要塞、总督府、仓库、监狱、教堂等建筑。到19世纪初毛岛再次易主的时候，英国人看到的已经是路易港等规划良好、干净整洁的城市。时光荏苒，岁月打磨，目前保存下来的大部分殖民建筑是英国时期留下的。这些老房子总体上分为三大类，宗教建筑、公共建筑与民居建筑；以建筑材料划分，则大致有石头、砖木和木结构三种。

教堂及庙宇

毛里求斯是一个宗教气氛浓厚的国家，走在街道上，教堂、清真寺、印度教寺庙以及中国寺庙随处可见，而且相邻而居、和平共处。由于欧洲人是毛岛最早的殖民者，他们的教堂便成为了毛岛最古老的宗教建筑。

毛里求斯大部分欧洲裔、非洲裔和华人都信奉天主教或基督教，其中以罗马天主教信徒最多。现存最大最古老的法国天主教堂圣路易教堂（St. Louis Cathedral）始建于 1740 至 1746 年间，坐落在首都路易港中心 Bourbon Street 与 Sir William Newton Street 交汇的地方。教堂主体建筑几经损毁，又分别于 1780 年、1813 年以及 20 世纪 30 年代初期多次重建，本初的风格只能从当时的绘画中寻觅，但岁月的痕迹依旧毕现于今天那斑驳陆离的外墙。这里是毛岛天主教会所在地，同样历史久远、同样风格的主教宅邸与教堂隔一条静静的小街，至今相伴。

毛岛现存大多数教堂是 19 世纪中期以来兴建的，其中包括位于 Poudriere Street 的圣詹姆斯教堂（St. James Cathedral），这是毛岛历史最悠久的英格兰圣公会教堂。有意思的是，这座教堂始建于法国殖民时期，最初是一所弹药军火库，交给英国人之后，英国人又将其移交给了教会，于是，在原来的建筑上加上了尖顶，成为了现在这座英国教堂。还有其他各式各样的老教堂在毛岛也随处可见。

毛岛的印度寺庙不算很古老，但由于印度教的教派很多，所以不同派别和风格的寺庙也很吸引人，特别是泰米尔人的寺庙，建筑、雕塑和色彩比一般印度教寺庙要复杂丰富得多。在从首都路易港去岛北的路上，会经过一个叫特里奥莱（Triolet）的地方，那里的印度教寺庙是目前全

岛最大的，也是南半球最古老的，始建于 1891 年，名叫 "Maheswarnath"。白色的墙体用各种鲜艳的色彩加以装饰，分外惹眼，到这里来的参观者众多。 岛上最神圣的印度教寺庙在圣水湖边，由毛里求斯国父拉姆古兰下令修建，香火最旺。

最大的清真寺 Jummah Masjid 在首都路易港唐人街附近，始建于 19 世纪 50 年代，白绿相间的建筑装饰着各种伊斯兰风格的图案，据说这里还被毛里求斯旅游部评为国家最美丽的宗教建筑之一。但最古老的清真寺则在唐人街东北边一片被称作"绿地"的区域，那里是 19 世纪初穆斯林最初在毛岛落脚的地方，同时在那里修建了一座名叫"阿克萨"（Al-Aqsa）的清真寺。

最古老的中国寺庙是路易港的关帝庙，1839 年中国人陆才新向殖民政府申请，在路易港为华侨修建一座中国式庙宇，获准后，他捐出靠海边的一块地皮并带头集资，于 1842 年 1 月 29 日建成了这座关帝庙，陆才新为首任主持。庙内除供奉关公雕像外，两旁还设有祭坛，上面供奉着华侨各家庭祖宗和客死于毛里求斯的华侨牌位。当时，华侨还没有正式建立社团，因此关帝庙不仅是华侨祭祀聚会的场所，也是调解仲裁华侨纠纷的机构和救济中心，至今香火鼎盛，每到春节、关帝诞等庆典，这里都会热闹非凡。

动静有别的公共建筑

除了那些随处可见的天主教和基督教教堂、清真寺、印度寺庙和华人寺庙等宗教建筑，岛上不同时期建造的公共建筑也值得探访。

最为喧嚣热闹的要属坐落于首都路易港市中心的"中央大市场"。这个大市场始建于 1844 年，一百多年来，这里记录着几代毛里求斯人的日常生活。岁月变迁，而这个大市场依然，只是人们更多的是关注那些码放着的蔬菜，而没有留意

中央大市场

这些年间它的变化。菜市场的二层是各种旅游纪念小商品，三层是一个国际品牌服装折扣大卖场。

最为安静的建筑可能是那座始建于1820年的"老剧院"（Port Louis Theatre），它是印度洋地区最古老的英国剧院。经历了近200年的辉煌之后，如今显得有些落寞地驻留在路易港的一个街角。据说因为当时的英国殖民官员喜爱歌剧，所以英国刚刚接任毛岛，就迫不及待地按照英国歌剧院的样式建造了这座剧院。剧院内部穹顶上绘有金碧辉煌的壁画，每组天使画像下面与包厢和舞台对应的拱门之上均以著名音乐家的名字加以标识，有莫扎特、威尔第、比才等。除了池座之外，还有三面多达四层的观众席，能同时容纳600名观众。那里不仅可以观看演出，也曾经对外出租举办婚礼、聚会等。20世纪90年代，该剧场曾经进行过一次内部翻修。如今基本上属于停业状态。门前的广场也已被扩建的道路一再挤压，显得无比逼仄。据说，剧院正在进行又一次的整修，并且因为很多建筑材料及装饰品需从海外购置，所以用时较长，完工之日尚遥遥无期。

正对路易港港口，是被称作"武器广场"（Place des Armes）的一条主要干道，虽然不长，但道路两旁耸立着高大的棕榈树，一侧连接海港码头，一侧通向毛里求斯国家议会。那里有一座白色的办公楼，可算是毛里求斯现存最老的房子，始建于法国总督德摩班（Nicholas de Maupin）当政时期（1729-1735年），这也是现存为数不多的法国殖民时期的建筑。院子里竖着一尊维多利亚女王的塑像，表明这座海岛曾是女王王冠上的一颗明珠。

位于中部城市鸠比的卡内基图书馆（Librairie Carnegie）是该岛现存最古老的公共图书馆了。这是出生在苏格兰的美国钢铁大王与慈善家卡内基在全世界捐资修建的 2500 多家图书馆之一，也是其在非洲地区捐建的唯一一家，至今仍然恪守和履行着公共图书馆的职能。

老木屋的前世今生

不少人对于毛里求斯建筑的印象来自马克·吐温，他所著的《赤道漫游记》中有两篇关于毛里求斯的文章，其中一篇提到他去鸠比："Curepipe，意思大概是针插或者是椿子镇。乘火车从路易港到这里是 16 英里，约两小时。每个屋顶的两端和每个老虎窗的顶上都有一根 2 英尺高的椿子竖立着；其中有一些的顶端是钝的，其余都是尖的，像牙签一样。对这种简单装饰品的爱好是很普

老木屋的前世今生

遍的。"今天的毛岛上，仍然可以发现很多殖民式样的新老房子顶上有这样两根针状物，当地人说"那是避雷针。"实际上，除了全木质结构外，这些老房子更大的特点就是门多、窗户多，另外就是都带门廊。

如今保存完好的殖民时期木质民居并不多，散落在毛里求斯的各个

角落。目前，这些殖民时期的老房子大部分被改造成了其他职能，有些成为博物馆，如位于马埃堡的国家历史博物馆；有些则成了兼有博物展览的主题餐厅，如位于莫卡的 Eureka，位于岛北的 Goodlands，皇家大道上的 La Demeure Saint Antoine，位于鸠比的 Le Domaine des Aubineaux 等。其中，Eureka 由一位英国贵族于 18 世纪末修建，几经易主，最后由法国的勒克莱齐奥家族购置，并因该家族的法国作家让 - 马里·古斯塔夫·勒克莱齐奥荣获 2008 年诺贝尔文学奖而尤为引人注目。

临近路易港市中心的老房子比较集中。比较典型的结构是纯木结构的二层楼房，房子底层的每个房间都相通，居中的客厅就相当于一个交通枢纽，四面都有门，其中的一扇门通往二层。二层开间比较大，虽然有隔间，但因为是斜屋顶，所以隔墙通常不封到顶，既节省材料还便于通风。二层通常有一个很大的阳台，还有一些用于存放杂物的小阁楼。房子里面原本没有厨房和卫生间，都另建在院子里。院子比较大，当年不仅仅是一个居住空间，还要兼顾各种生意。院子里通常会有几棵上百年的果树，世世代代荫蔽着房屋主人的子子孙孙。

一段段的老墙

世界各地的老建筑所面临的困境与难题大同小异，毛里求斯也不例外。多数老房子已经或正在消失，而留下来的，大多年久失修，面临大拆挨骂、大改没钱的难题；情况良好的则大多被改造成了餐厅。政府虽然制定了各种相关的保护政策及法规，却依然挡不住推倒重建的城市建设与发展势头。很多老建筑只留下了一段段老墙作为历史的印记。

首都路易港国家银行大楼底层有一面与众不同的墙，上面有马头和马槽，乍一看以为是特意做的仿古装饰墙，实际上却是有意留下的一面老墙。这面老墙里面曾经是政府印刷厂，而在此之前则是"国王面包店"，是法国时期的遗存。因此当时建造这座新建筑的时候，有很多反对拆除的声音，最后，建设者保留了这面墙，同时保留下了这段两百多年的记忆——当年大家曾经把马拴在那里，休息、饮马。

现在的路易港市政厅附近有法国殖民时期的消防队和监狱，如今也已经成为过往历史，走路经过那里，可以看到一段老墙，那也是特意留下的监狱的历史。

城市的建筑和历史总是要继续，我们如何才能既守住宝贵的历史又不被其所牵绊？这种将历史建筑的一部分嵌入新建筑，或者保留老建筑的某一部分，作为一种历史遗迹加入城市景观的办法，不失为一种独特的考量。

路易港一角

第 2 节

博物馆告诉你

毛岛诞生于 800 万年前的海底火山喷发，但它的人文历史年轻得多，只有区区 500 年。然而，这 500 年是不平凡的 500 年，是从无到有、积少成多的 500 年，是记录了一个新生国家、新生民族孕育和诞生的 500 年。要懂得这段不平凡的历史，不能不造访岛上四散分布的博物馆。

自然历史博物馆的远古化石

　　毛里求斯现有各类博物馆约 25 家，其中隶属于国家博物馆理事会的博物馆 7 家，包括两家国家级博物馆，都集中在毛里求斯主岛。相对于 1865 平方千米的面积，岛上博物馆的密度不小，也从一个侧面体现出了毛里求斯人记录自己历史的自觉。

国家级博物馆

　　两家国家博物馆分别是路易港的自然历史博物馆和南部城市马埃堡的国家历史博物馆。

自然历史博物馆（Natural History Museum）

　　毛里求斯自然历史博物馆位于首都路易港市中心，博物馆理事会就设在那里。该博物馆始建于 1842 年，是毛岛最古老的博物馆，如今，建筑本身亦列入国家纪念性建筑行列。自然历史博物馆致力于收藏、研究和记录毛里求斯以及马斯克

自然历史博物馆的渡渡鸟复原标本

（Mascarene）群岛的动植物标本与资料。在一层的三个常设展厅中分别陈列着3千多件动植物及地质标本，包括以渡渡鸟为代表的一系列已经消失了的珍稀鸟类标本，以及各种各样的海洋生物标本。馆藏最为古老的鸟类标本是一只1826年的毛里求斯荷兰鸽。

除了这些常设展品和展览之外，该博物馆还不定期举办一些小型主题展览，比如，曾经举办过"毛里求斯百年铁路史"，借助一幅幅珍贵的老照片与实物，向大家展示自1864年首条铁路通车至1964年最后一趟列车停运的一百年间，毛里求斯铁路随着社会经济发展的兴衰存亡史。目前毛里求斯政府已经准备在当年的铁路线上规划建设轻轨铁路，满足现代交通需求。毛岛的铁路历史将会谱写新的篇章。

国家历史博物馆（National History Museum）

国家历史博物馆位于毛岛东南部马埃堡地区，这里也是早期荷兰殖民者最初登陆的地方。国家历史博物馆拥有目前毛里求斯最丰富的社会人文历史馆藏资源。它的前身是海军遗迹博物馆（The Naval Relics Museum）及历史纪念博物馆（The Museum of Historical Souvenirs）；后于1948年迁至现在的Gheude城堡，并于1950年重新开放，更名为海军及历史博物馆（Naval and Historical Museum）；而后于20世纪末进行修缮改造，增加了奴隶与契约劳工以及荷兰殖民历史等部分，并更名为国家历史博物馆。

该馆展示了毛里求斯丰富的社会与文化历史变迁，从16世纪初葡萄牙人发现这里开始，到后来荷兰、法国和英国的殖民统治，其展示的历史一直延续到19

天堂原乡
——
毛里求斯

世纪末。在这里可以看到早期的航海图及毛里求斯不同历史时期的手绘图画，报废战舰上的船板和老式火车模型，大炮和生产生活用具，也有沉船中打捞出的中国明代青花瓷片、欧洲金银币等等，可谓琳琅满目。虽然不能与那些世界级的历史博物馆相比，但对于一个年轻岛国而言，这家博物馆的收藏也算很丰富了。难能可贵的是，该馆将展品分别按照时间与区域两个维度加以展示，不仅有毛里求斯的社会发展史，也将展品划分为荷兰区、法国区、英国区和中国区等。在中国区，可以看到一个穿中国清朝官服男子的画像，标签上写着 Log Choisanne（1796年-1874年）。他就是文献明确记载的第一个正式到访毛岛的中国人陆才新。他19世纪初移居毛里求斯，创办了陆阿鑫股份有限公司（Lop-Assine&co.）。1821年初，他向当地政府提出申请，要求批准他自费回国招聘雇工。同年10月26日，陆才新带着首席秘书杰·戈姆签发的特别许可证返回家乡福建。1826年底，陆才新从福建招来阿欣（Ahim）、海兴（Hakhim）、吴兴（Nghien）、韩凯（Hankae）和黄宝（Whampoo）等五人，经新加坡乘"美盟"号船于12月3日抵达路易港。而后又陆续有数十位福建华人直接或间接通过陆才新来到毛岛定居。据说，每逢新招募的华人移民来到岛上，陆才新便把他们安排在马拉巴尔区已为他们准备好的营房里住下，然后再介绍他们去华人商店或甘蔗园、糖厂当雇工。截至1847年回国，陆才新一直担任毛岛中国移民的保人。

主题博物馆

除自然历史博物馆和国家历史博物馆外，毛里求斯还有另外五家隶属于博物馆理事会的主题博物馆：（1）以毛里求斯开国总理拉姆古兰为主题的西沃萨古尔·拉姆古兰爵士纪念中心（Sir Seewoosagur Ramgoolam Memorial Centre）；

（2）介绍为毛里求斯国家独立做出巨大贡献的工人领袖比苏杜亚的苏克迪奥·比苏杜亚纪念馆（Sookdeo Bissoondoyal Memorial Museum）；（3）位于苏亚克（Souillac）的纪念著名诗人哈德的罗伯特·爱德华·哈德博物馆（The Robert Edward Hart Museum）；（4）位于马埃堡的弗雷德里克·汉瑞克博物馆（The Frederik Hendrik Museum）；（5）同样位于马埃堡的毛里求斯人博物馆（Peopling of Mauritius Museum）。

毛里求斯独立后的首位总理西沃萨古尔·拉姆古兰（1900-1985年）被称作毛里求斯的"国父"，现任总理是他的儿子。出生于一座甘蔗种植园的拉姆古兰曾于1919年赴英国伦敦学习医学，后于1940年当选路易港市政府议员，1947年加入毛里求斯劳动党。1968年毛里求斯独立后当选首任国家总理，1985年去世。位于路易港的西沃萨古尔·拉姆古兰爵士纪念中心由其故居——一所老式的木房子改建而成，他曾经于1936至1968年间在此生活过30多年。这里有五个展厅，在后院还有一间老厨房。借助于各个历史时期的照片、手稿和演讲摘录，以及拉姆古兰总理生前所使用过的衣物、台灯、书桌以及医疗器械等，将这位著名政治家的一生栩栩如生地再现出来。

比苏杜亚（1908-1977年）是毛里求斯独立运动的主要领导人之一。他出生于南部的村庄Tyack，早年取得教师资格后一直在小学教书，后来积极投身政治活动，并于1958年建立政党——独立前进阵营（Independent Forward Bloc，现反对党——社会主义战斗党的前身）。毛里求斯独立后，他一度担任合作部长，但后因与时任总理拉姆古兰政见不同退出内阁并成为反对党领袖。他曾经在1976年参加大选，但未能获胜。1977年去世，享年68岁。后人为了纪念这位伟大的工人领袖，特意将其出生所在的那所石头房子改造成了纪念馆。该馆共分四个展厅，分别为厨房、餐厅、书房、卧室的复原以及各种个人物品的陈列。

由毛里求斯著名诗人罗伯特·爱德华·哈德（1891-1954年）的故居改建的博物馆，位于毛岛最南部的村庄苏克亚。有人将那里形容为"珊瑚之家"，是因为房子外墙是以珊瑚为材料而建的，这位诗人在此度过了其人生的最后岁月。哈德1891年出生于路易港，15岁时就完成了第一本诗歌散文集，而后又陆续出版了多本专集，并曾创建杂志《午夜》且担任主编。展厅由四个房间组成：两间卧室，一间画室兼办公室以及一间浴室。内部基本保持诗人当年的生活场景，陈列着各种生活工作用品以及照片、书信和代表作。另外，基于诗人对印度洋地区的法语文学的贡献，在毛岛中部城市鸠比还有另外一个以该诗人命名的纪念馆。

位于毛里求斯东南老港口——大港的弗雷德里克·汉瑞克博物馆更准确地说是一个历史遗址，现在能看到的废墟是1638年荷兰人首次登岛后修建的，包括当年的司令部、政府、监狱、面包房、商店等。陈列展品的展厅并不大，展示整个遗址的平面图以及遗址发掘出的一些文物。距离其不远处就是荷兰人当时登岛的地方。这些遗迹应该算是毛里求斯最初的人文景观了，因此这里被称作"毛里求斯历史的摇篮"。

毛里求斯人博物馆也在毛岛东南部马埃堡地区，是以不同历史时期来自欧洲、非洲、印度和中国的移民所构成的"毛里求斯人"为主题的博物馆。该馆于2010年建成开放，但遗憾的是目前处于闭馆休整阶段，何时重新开放不得而知。

不可错过的糖业博物馆

糖业博物馆名为 l'Aventure du Sucre，直接翻译过来是"糖的历险"。它坐落于路易港东北方一块约5000平方米的土地上，掩映在绿油油的甘蔗林间。

建筑的前身是一个有上百年历史的制糖厂，自 1999 年以后改建为私人博物馆。

糖业博物馆的主人深谙本岛历史，把对糖业的发展振兴和衰变的描述同毛岛的可持续开发、大规模移民，以及建国后的经济发展，乃至今天的转型升级巧妙地联系在一起，在深入介绍甘蔗种植与制糖工业兴衰的同时，把毛里求斯五个世纪以来的起起伏伏以及岛国多元文化融合的历史一脉打通，还匠心独运地安排参观者在此品尝世界上品种最齐全的蔗糖以及各种蔗汁酿制的朗姆酒，使这里成为毛岛深度游不可错过的佳境。

据博物馆的解说词介绍，毛岛有"甜岛"美名。它位于非洲东海岸、印度洋中南回归线以北的低纬度地区，属热带海洋性气候，终年高温多雨，光照充足，土壤肥沃，十分适宜甘蔗的生长。1639 年荷兰人将甘蔗引种到这里，1743 年，在法国人占领下的毛岛建了第一家糖厂。到 19 世纪中叶，毛岛已成为世界上重要的糖产地。在毛岛近代史的大部分时间里，全国大部分劳动力都在从事与糖业有关的生产，糖业是全岛的经济支柱。毛里求斯建国后，全国曾有二十多家制糖厂，鼎盛时期年产蔗糖 80 多万吨，还生产相当数量的糖蜜、糖渣等副产品，产品基本上都输往欧洲，出口额占全国总出口额的 90% 以上。近年来，随着毛岛蔗糖主要的主顾——欧盟逐步实施糖业改革，毛岛制糖业规模日益萎缩。但直到现在，在全国 10.6 万公顷的可耕地里，仍有 9.8 万公顷用于种甘蔗。徜徉岛上，到处都是一片甘蔗的海洋，一年四季郁郁葱葱。

在这里，参观者可以了解到毛里求斯制造的各种独特的原糖。这些高档的原糖包括红糖（Demerara）、甘香砂糖（Golden Granulated）和粗砂糖（Muscovado）。其中一些糖，例如烘焙黄糖（Golden Bakery）和咖啡水晶糖（Coffee Crystal）几个品种都是毛里求斯创造发明的。

在这里，可以了解到蔗糖的加工过程。甘蔗转化为糖结晶的过程分为五个阶段：弄碎甘蔗、清洗、蒸发、结晶和离心，在这个过程中会产生一些副产品。蔗渣是甘蔗加工中第一个副产品。一般来说，糖厂会将蔗渣放在锅炉里燃烧，作为自身的能源供给。但在收获的季节，大量的蔗渣被送到电厂转化为电能，其他间作季节就使用煤炭发电。这样，蔗渣作为可再生的生态能源，减少了毛岛对进口化石燃料的依赖，也减少二氧化碳的排放。此外，离心阶段产生的糖浆也是一个重要的副产品，它就是朗姆酒蒸馏过程中的主要成分。

作为一家私人创立、私人所有的博物馆，这里不仅规划完整、资料详实、现代化声像设施多，有包括中文在内的多语言讲解，更填补了本岛博物馆历史的一个重要空白，值得推荐。

其他各类博物馆

印度移民博物馆（Folk Museum of Indian Immigration）位于以圣雄甘地命名的毛里求斯甘地学院里面，搜集、保存和传播毛里求斯印度移民文化。这里展示了当年45万印度契约劳工漂洋过海来到毛岛，在甘蔗园里劳动、生活以及后来定居的历史过程。该馆保存有2千多份档案资料，内容包括45万契约劳工的名单、婚姻证明、劳动合同以及他们在各个甘蔗园的分布情况，此外还有20多万张证件照片原件。

邮政博物馆（Mauritius Postal Museum）毗邻已有百余年历史的毛里求斯最古老的邮政局。这座古老的石头建筑是19世纪公立医院的旧址，现在属于国家文物建筑。该博物馆以图片和实物展示了近200年来毛里求斯邮政事业的发展变迁，以及不同时代的邮票、邮品等。在建筑的侧面，开有一个礼品店，可以在此购买相关的书籍、集邮册及各式各样的邮票与邮品。

蓝便士博物馆（Blue Penny Museum）位于路易港蔻丹广场（Caudan Waterfront）。与世界首枚邮票黑便士、蓝便士、红便士属于一个系列，1847年9月，毛里求斯殖民当局的邮政局发行了一套2枚邮票，分别是1便士橙红色邮票、2便士深蓝色邮票，发行量各为500枚，主图为英国维多利亚女王头像。邮票由一位名叫约瑟夫·巴纳德的钟表匠雕刻制版，由于这位钟表匠的视力极差，将"PostPaid"（邮资已付）错刻成了"Postoffice"（邮局），这就是闻名世界的"毛里求斯邮局邮票"，也是英属殖民地最早发行的邮票。据统计，目前蓝便士邮票存世仅12枚，橙便士邮票存世仅15枚，估价约合人民币2500万元。

影像博物馆（Photography Museum）在距离自然历史博物馆不远的一条老街的僻静之处。收藏着一些珍贵的老照片和明信片，以及老相机等老式的影像记录设备。

贝壳博物馆（Mikado Shell Museum）在路易港繁华的大市场附近的十字路口，窄窄的楼梯上去，看到的是千姿百态的贝壳，让人们领略到丰富的海洋世界。

另外，还有茶叶博物馆、玻璃博物馆、朗姆酒博物馆和船模博物馆。但实际上，这几家"博物馆"都不是传统意义上的博物馆，其更主要的职能都是生产加工产品的工厂，这些博物馆可以让你身临其境地了解这些产品的制作过程，信息丰富、趣味盎然。

华人遗产中心

华人遗产中心最初建在路易港唐人街附近，后来搬至岛北商场（Grand Baie Store）的二层。该博物馆的主人是一位华裔建筑师，馆藏大多为其私人收藏。展

厅由六七个小单元组成，从毛里求斯华人的迁徙路线图到早期华人的各种文书，从最典型的毛里求斯华人小商店的原景复原到早期华人的居家场景，通过各种各样的"中国元素"将毛里求斯华人的生活史纪录并传递下去。这个规模不大、意义非凡的华人博物馆，是了解毛里求斯华人历史的一扇窗户，更是中国游客值得驻足的一道重要风景。

中国小商店

关于中国人抵达毛里求斯的时间，史学界众说纷纭。最早的记载散见于荷兰殖民者的航海日志，讲述了在巴达维亚（今天的爪哇岛）的中国人作为荷兰远洋船上的水手登陆毛岛的历史；现在比较公认的看法是，早在乾隆年间，中国人就开始成规模地来毛岛定居。这些因生活所迫而背井离乡的中国人，在异地求生的奋斗中，始终尊奉"自己活，也让别人活；别人活得好，自己才能活得好"的朴素信条，传承着勤俭持己家、忠厚待他人的中华民族优良传统，演绎了一代又一代与毛岛各族人民友好相处、共同发展的传奇。

中国小商店

据毛里求斯的文献记载，中国人大批到来的时间始于 19 世纪中期，一方面是岛上终于废除了奴隶制，开始大量输入亚洲人为主的契约劳工；另一方面是中国开始跌入半殖民地半封建社会的深渊，广大沿海地区民众到外洋"讨生活"。在那个交通通信都极不发达的年代，下南洋都是九死一生，何况是下西洋？那时的中国先民带着最简单的行李，从厦门、泉州、福州、汕头、广州、香港等各个港口登上小火轮，穿过太平洋和印度洋的万里波涛来到毛岛，不是探险胜似探险。在一个语言不通、文化殊异的环境里，他们依靠祖先赐予的珍贵遗产——勤劳和互助，找到了自己的位置，为毛岛的建设和发展做出了卓越的贡献。

中国驻毛里求斯大使李立阁下以在毛岛的所见所闻所感为依托，从"中国小商店"的独特视角，为广大读者阐释了毛岛华人的生存发展之道，千字短文，言简意深，发人深省，已经《人民日报》发表。经征得本人同意，特将原文刊载于下。

中国小商店　无穷大智慧

来毛里求斯工作三月有余，每日忙于事务，无暇整理办公室书籍。得闲打开书柜门，一本名为《中国商店》的黑白画册映入眼帘，封面上是一张毛里求斯早年典型的中国商店旧照片：带着斑驳痕迹的老式木质柜台、整齐摆放在柜台后高高格子中的林林总总的商品，两名中国年轻人在柜台旁交谈，一名当地人正在购买商品。画面生动鲜活，不缀一言已将历史娓娓道来。

自19世纪华人在毛开设第一批中国商店后，中国商店如雨后春笋般遍布全岛，从城镇到偏僻乡村。中国商店经营范围很广，涵盖老百姓日常生活的"吃、穿、医、用、行"等各个方面，已经完全融入当地社会。正如画册中所说："所有的毛里求斯人心中都住着一家中国商店。"

中国商店是如何在这个岛上站住脚的？小小的中国商店又是靠什么在本地赢得如此高的社会声望与地位？合上画册，我决心去实地一探究竟。

带着疑问，我来到了使馆旁一家华人小商店。说明来意后，店主很高兴地从里屋叫出了他的父亲。老人的讲述给了我启发。

老人的父亲本是广东梅县人，是来岛的第一批华人，最初在亲戚的商店帮工。后来，在毛里求斯岛东部的一个村庄开了自己的店铺。村里的男性基本上都是穷苦的本地甘蔗工人，每年除了甘蔗收割季节，其他时间大都没有工作，也无其他生活来源。刚开始生意很难做，后来老人的父亲学习其他中国商店的做法，

天堂原乡
——
毛
里
求
斯

采取薄利多销和大件物品拆分零售的经营方式，有时候通过赊账甚至无息借款帮助本地人度过一年中最困难的时期。老人翻出当年留存的记账本自豪地说："不要小看这个小本，不知道救过多少人于危急，如果不是这些赊账，很多新婚夫妇甚至都没法完成婚礼呢！"就这样每天日出而作、日落不息地经营，商店的生意越来越好，老人的母亲和舅舅也到了毛里求斯帮忙打理。如今，老人的孩子在荷精市开的这家小商店都有10个年头了。老人说："虽然现在城市里超市很流行，岛上的中国商店慢慢减少了，但是我儿子这小商店生意一直都不错，都是回头客。"

走出商店，我若有所悟。小商店自有大智慧。我们的先辈将商店开到毛里求斯的田间地头，与穷苦百姓打成一片，诚信经营、救人危难，既方便了别人，也壮大了自己。如今，从小商店走出的华人已赢得了毛政府和社会的高度评价和广泛尊重。100多年来，在毛里求斯，治安再差的地区，也极少听说过有中国商店被抢的事件发生，小小的中国商店已成为华人先辈与所在国家和谐发展的最佳佐证。

毛里求斯的中国商店很小，却能折射出中华民族勤劳、勇敢、善良、智慧的优良民族特性。毛里求斯也"不起眼"，但推开这扇门，后面却是整个非洲。今天这个时代，作为大使，怎样推动两国关系朝着互惠和谐的方向发展，在中毛交往、中非交往中，如何给自身定位，树立怎样的中国形象，展现怎样的文化价值，这些都值得我们深思。中国商店的成功告诉我们，只要目光长远，诚信经营，将心比心地为驻在国人民带来实实在在的福利，自然能得到友好的反馈，双方的关系就会如同鱼水，和谐共同发展。

第五章

幸福生活的开端

毛岛是幸福的天堂。无论是星级酒店或度假小屋、购物中心或街边小店、高级餐厅或传统小吃，处处都洋溢着甜蜜的味道。毛岛人天性达观，但绝没有井底之蛙式的傻乐，他们积极进取、努力工作，但也绝不错过享受每个节假日午后的阳光，巧妙地维系着人间与天堂的纽带，毛岛也就真正成了"人间天堂"。带着心中的天堂回家，才是幸福生活的开端。

第 1 节

浪漫假日

飞机即将降落的时刻，身下的毛里求斯就像镶嵌在波光粼粼的深蓝卷轴中的绿色宝石，一段甜蜜旅程也将绚烂绽放。宝石边缘是曲曲折折的蓝色海岸线，毛岛最顶尖的酒店正密集地分布于此。它们坐拥风平浪静的海湾，为来自世界各地的游人提供奢华享受，也是私密婚礼和蜜月度假的理想去处。难怪陈小春和应采儿、刘璇和王弢、陈建斌和蒋勤勤等明星夫妇都会把毛岛作为婚礼与蜜月的首选之地。

王子酒店（Constance Le Prince）

酒店天堂

奢华简朴总相宜

　　在毛岛，人们似乎才找到度假酒店的真正涵义，因为它能为游客提供超乎想象的休闲体验。岛东南和北部的酒店风格各异。城市和景点多集中于岛西，这为弗利康弗拉克（Flic-en-Flac）和爱必浓（Albion）一带的酒店提供了绝佳的地理优势，事实证明它们确实门庭若市。白沙碧浪和绝美日出则是岛东酒店的独特优势，周围的景观也多以乡村为主，但却离鹿岛（Ile aux Cerfs）、蓝海湾等著名景点较近。岛北酒店则是喜欢深夜泡吧和狂欢的年轻人的理想去处。

奢华酒店

世界奢华酒店评级机构（The Leading Hotels of World）评估显示，世界420家顶级奢华酒店中，毛岛北部的皇家棕榈（Royal Palm Hotel）、西部的玛拉迪瓦（Maradiva Villas）、南部的尚提（Shanti Maurice）、东北部的王子（Constance le Prince Maurice）、东部的洛克（Le Touessrok）均在领先酒店排行榜之列。这不得不说是对毛岛酒店业的最大褒奖。特别的是，毛岛顶级的酒店大多由巨浪（Beachcomber）、Lux* 等本土酒店业集团经营，这与殖民史上白人农场主将最好的土地圈为私有从而积累了大量财富不无关系。

王子酒店鸟瞰图

洛克酒店（Le Touessrok）位于毛岛沙滩最好的东海岸，尽享鹿岛美景与淡水湾的宁静。

国际连锁酒店

岛上优美的自然环境也吸引了四季（Four Seasons）、希尔顿（Hilton）、洲际（Intercontinental）、索菲特（Sofitel）等国际连锁酒店进驻，它们随时准备为游客提供最标准化、也最具灵活性的高端服务。

本地酒店

本地酒店集团主要有12家：雅高集团（Accor）、爱寐屋酒店集团（Apavou Hotels）、帝都之态度假村（Attitude Resorts）、巨浪酒店集团（Beachcomber）、地中海（国内也称爱必浓）俱乐部（ClubMed）、康斯坦斯酒店集团（Constance Hotels）、英迪格酒店度假村（Indigo Hotels and Resorts）、娜雅度假村（Lux' Island Resorts）、喜达屋酒店度假村（Starwood Hotel & Resorts）、太阳度假村（Sun Resorts）、沃兰达度假村（Veranda Resorts）和葛兰度假村（One & Only Resorts）。

玛拉迪瓦酒店（Maradiva）是毛岛本土酒店的代表之一，由 65 幢独栋别墅组成的私家院落令人尽享自然与奢华。

巨浪酒店集团（Beachcomber）的天堂酒店 (Paradise)

海滨别墅和廉价公寓

富人在当地购买的海边别墅在主人旅居欧美的数月间通常闲置，别墅内各类高级家具陈设一应俱全，还有专业管家和私家游艇等服务。租金相对合适，主人所求不过是在赴他国度假时也能享受同样的互换待遇或仅仅为了结交新朋。

当地居民出租的廉价公寓（Bungalow）近年来颇受欧美青年游客和部分穷游爱好者的欢迎，这些海边的温馨住所足以满足游客的个性化需求。但相比设有门禁的酒店而言，更需注意财产和人身安全。

酒店全接触

毛岛酒店佳木繁荫，自然美与人造美浑然一体，为游客提供了美食、水陆运动、养生护肤等最完美的度假体验。部分酒店还为蜜月的新人们提供折扣优惠，体验香槟早餐、豪华水疗、美容护理和烛光晚餐等个性化服务。

餐厅

足不出酒店就可品尝印式、中式（主要是客家菜和粤菜）、法式以及克里奥尔式等不同风味的美食。高级酒店的大厨会精选当地和国外的优质食材以及异域香料，用创意与厨艺将之完美融合，做出风味独特的毛岛料理。大多数酒店设有主餐厅和多个风味餐厅。对于选择全包式（all inclusive，三餐全包）或半包式（half board，包早晚餐）的客人而言，主餐厅一般提供免费自助，风味餐厅则需点菜。高级酒店要求客人在晚餐时着美观便装，沙滩裤和拖鞋是不受欢迎的，甚至会被下达逐客令。

SPA

SPA 水疗中心亦是不能错过的体验。毛岛有着使用印度草药和精油理疗的传统，配合娴熟的手法，能达到深层次的调理效果。理疗师根据客户需要提供最恰当的疗法，带给客人前所未有的放松感受。和国内有所不同的是，毛岛按摩技师按压力道普遍较弱，以追求舒适为主。

水陆运动

毛岛酒店多临近水湾，这为体验滑水、划艇、站姿划桨、风筝冲浪、空中滑翔伞、潜水、玻璃底船等水上运动提供了天然平台，只需在酒店船屋登记就能获得深度体验。高尔夫、网球、沙滩排球、射箭、足球和篮球等则充分满足了迷恋陆上运动人们的需求。

酒店丰富的沙滩运动

如果带着小宝宝来度假，又想重温蜜月甜蜜，酒店专设的"儿童天地"会提供日托服务，以五颜六色的玩具以及沙画等项目吸引孩子们的到来。毕竟，孩子们除了玩儿还有什么乐趣呢？

飞舞的婚纱

比糖更甜的是说出"Yes，I do"时的心情，比天堂更美的是携手走过夕阳下毛里求斯的海滩，比梦境更甜也更美的是在"天堂原乡"里许下一生的约定，接受家人和朋友的祝福，雪白的婚纱随着海风翩翩起舞。

"我愿意"的三种方法

让这一切显得更美好的是，在这样美丽而浪漫的岛国办婚礼并不是一件复杂的事情，不用考虑那么多琐碎细节。就像来毛岛结婚的许多明星一样，把一切都交给婚礼团队，新人只需要准备好最美的笑容，背靠苍翠茂盛的高山，面朝印度洋碧绿的海水，在这迷人的环境里相互承诺说"我愿意"。在毛里求斯结婚，有三种主流方式：

第一种是最简单省心的，但是价格不菲。在决定了入住的酒店后，直接跟酒店订婚礼套餐，把一切都交给酒店的婚礼团队，他们会细心计划如地点、花卉、食品和葡萄酒菜单、蛋糕、娱乐等所有细节。套餐有好几种选择，有只包含小型婚礼和花束的，也有包括化妆、服装、摄影师等的其他多选套装，价格都不便宜。

第二种是在教堂举行婚礼：这种婚礼手续比较复杂，因为在毛里求斯，通过教会认证的婚姻登记和在民政局登记的婚姻一样，都属合法并受法律保护。首先，在婚礼举行之前，新人必须至少在岛上住满15天；其次，新人要准备一些证明文件：出生证明、护照、洗礼证明（基督教徒）、双方教区教士的道德证书，证明双方都是单身。

第三种是自选地点举行婚礼：客人自己选择想要举行婚礼的地点，由当地婚庆公司负责进行场景装饰。中国新人一般只需要在异国举办一个小型婚礼，不需要在当地注册结婚。很多夫妻选择在酒店里、沙滩上、漂亮的花园里或在一个设计特别的婚礼露台上举办属于他们两个人的婚礼。此方式通常报价都比酒店便宜不少。摄影师可以雇佣全天的，仪式结束后可以跟车拍摄不同的景点。

不离不弃，以天父的名义

象征性仪式和宣誓虽然也很流行，但真正让毛里求斯与众不同的是，岛上有一种把所有来访者视为自己成员的胸怀。不像其他多数异国情调的婚礼地点，毛里求斯为非本地居民提供有法律约束力的婚姻。毛里求斯政府还推出了特别程序，让非本地居民夫妻可以抛开繁文缛节，集中精力处理更重要的事务，享受大喜日子的分分秒秒。

如果已经向酒店预定了一站式婚庆服务，应该在仪式举行前3天抵达毛里求斯，且至少在结婚典礼前30天提供下列文件：夫妻双方出生证明复印件（若适用，翻译成英语或法语）；夫妻双方护照前三页复印件；与前一段婚姻已经结束的任何相关文件，如离婚或孀居证明（若适用，翻译成英语或法语）。婚姻状况法规定，非毛岛居民可在结婚公告发布的次日登记结婚。但是，夫妻必须获得由总理府办公室签发的证书，以此证明夫妻双方没有任何一方是毛里求斯公民或居民。酒店会提出证书申请，附上上面所列文件，并代新人安排准备好这一证书。婚礼前一天，本人必须去领取证书，然后去见律师确定宣誓书（证明新人身份和所提供文件真实性的文件）；如果已经向酒店预定了婚庆服务，一位工作人员会陪伴新人左右，以确保诸事进展顺利。如果想要举行天主教仪式，需联系路易港天主教区（Port-Louis Diocese）。

幸福誓约，海天为证

教堂、海滩还是神庙，这是一个问题

婚纱的拍摄是把婚礼中幸福的瞬间凝结成永恒。毛里求斯天堂般的景色也吸引了陈小春、应采儿等明星夫妇来此拍摄。毛里求斯是一个多元文化融合的国家，婚纱照的形式和地点自然也多种多样：

——在海边用白纱搭起的浪漫凉亭里或用浮板搭成的飘于海中间的小亭中说出那句"Yes，I Do"；

——在印度洋海底的潜艇中，说出"我愿意"，让梦幻的感觉更加逼真，让结婚照独一无二；

——在闪亮的白色油轮甲板上记录幸福分分秒秒，然后驶向私人小沙滩享用结婚早餐，还可选择塞卡舞助兴；

——在一个古老的殖民地房屋中，和蔼可亲的克里奥尔妈妈依照古老的传统帮新娘打点一切；

——在印度寺庙中，用相机捕捉印度教教士带领新人完成宗教仪式，新娘可以选择穿上印度服装并画上棕红色文身；

——在毛里求斯的私人小岛上，如美丽的双椰岛（Ile Des Deux Cocos）；

——在古老大教堂内；

——在公共海滩……

想象一下：在美丽的沙滩上与心爱的人喜结良缘，在这里接受家人和朋友的祝福，雪白的婚纱随海风飞舞。天空很蓝，无边无际的海岸线上点缀着几艘游艇和驳船，在水晶般纯净的空气里深吸一口，满满的都是幸福的味道。你坐下来，抓了一把沙，在你手中丝丝渗下如同白色的绸缎。你的爱人依偎着你，侧脸被阳光勾勒成你最迷恋的样子，恍然如同梦境。

第 2 节

美食和购物天堂

一个国家的饮食文化总离不开长久滋养着它的历史、文化、民族与气候。毛岛虽小却不乏各色美食，这恰是其不断更替的殖民史以及各族群和谐共荣的产物。毛岛人的味蕾是在东西方美食的交替刺激下逐渐敏锐起来的。

舌尖上的毛里求斯

舌尖上的毛里求斯

东西方美食盛宴

　　地处古老文明交汇的要冲和"海上丝绸之路"的最西段，毛岛善于吸纳东西方美食的特点，并将这些舶来品转化为自己的味道，逐步形成了印式、法式、中式和克里奥尔等四大菜系。

印式美食

　　简单的食材、浓重的调料和复杂烹饪手法的完美结合造就了印度美食神秘而丰富的味道。1721 年，首批来自印度南部的劳工带来了那里的饮食习俗。在毛岛，他们不仅在烹调鸡肉、羊肉和牛肉时将咖喱作为主要调料，更独创地配以藏红花、肉蔻、胡椒、孜然等十多种香料，不仅温热进补，更改良了印度菜过于浓重刺激的口味。此后，印度北部的口味也逐渐传入毛岛并得到改良。至今，毛岛的印度餐厅虽仍以南、北方口味加以区分，但已无太大差别，都是用最简单的食材做出最复合的味道。

布里亚尼（Briyani）在毛岛家喻户晓，相当于中国的蛋炒饭。不同于印度、泰国、斯里兰卡和马来西亚等东南亚国家，毛岛的布里亚尼主要用印度香米、鸡肉、土豆和十几种香料烹制而成，并配以腌制的小菜，味道颇为可口，是在街头小店就能买到的平价美味。

咖喱角（Samoussa）类似于中国的春卷，用面皮包裹着咖喱土豆泥，做成三角形状并下油炸制，表皮金黄酥脆，外焦里嫩，是当地最受欢迎的茶点。

印度宗教中的种姓制度造就了印度素食的盛行。到当地印度裔家中做客或遇上婚丧嫁娶，主人多会以素斋宴盛情款待。素食的原料多为各色豆类、土豆、西红柿、白菜、洋葱和青椒，调味自然少不了咖喱，不论配以印式豆饼或是米饭，都是可圈可点的美味。

此外，无论是酸咸可口的家常美食酸菜泥（Rougaille）、还是用羊肉、咖喱和豆子熬制的羊肉汤（Halim），都为游客提供了超乎想象的味觉体验。

法式美食

它是西方殖民者给毛岛留下的遗产。毛岛当地法餐厨师多曾在欧洲游学，继承了法国厨师的创新精神，又结合本国原料并融合多国特色，形成了自己的招牌口味。毛式法餐要么原汁原味、要么奶味十足，一经搭配本地特产原料，会散发出无穷的美味。

传统的法国料理自然不多赘述，来毛岛不得不吃的一道法餐叫做百万富翁沙拉（Palm Heart Salad），它的主要原料来自当地特产"白棕榈"。一棵成年白棕榈的生长期约4年，最多被收割两次就会死去，长成后也仅取树芯最嫩的10厘米。因其稀有而价格昂贵，但也因棕榈芯口感鲜嫩、营养价值高而在历史上备受

天堂原乡
——
毛里求斯

当地达官贵族青睐，因此取名"百万富翁"。现在岛上的白棕榈种植虽已规模化，不似以前那样矜贵，但百万富翁沙拉仍然是只有在高级西餐厅才能尝到的美味。

毛岛的另一道西式名菜是凉拌生鹿肉（Deer Salad）。每年猎鹿季的到来意味着在毛岛西餐厅中又能享用到鹿肉了。鹿肉肉质较硬，不适合煮食和煎制，凉拌成了品尝这一美味的最好方式。在甜醋和柠檬的酸味作用下，鹿肉接触舌尖的刹那足以让最挑剔的美食家都欲罢不能。

中式美食

毛岛的中国菜以客家菜与粤菜为主，客家人喜欢吃咸，粤菜口味偏淡，这两种菜系在当地各有自己忠实的拥趸，首都路易港的唐人街是中餐馆最集中的地方。用当地甘蔗酿造的甜醋和青辣椒酱，更让菜肴区别于中国福

毛岛中餐

建和广东一带的原味。毛岛当地华人钟情粤式早茶，也爱梅菜扣肉、脆皮乳猪、北京烤鸭等餐桌上的硬菜。

克里奥尔美食

它源于毛岛土生土长的烹饪方式，可称为东西方美味的混合体。由于历史上克里奥尔人的生活条件有限，他们的菜肴多采用唾手可得的食材和最简单的烹制方法，而这恰恰是克里奥尔菜的最大特点。经营克里奥尔菜的多是些表面并不起眼的家庭餐馆，如果想

克里奥尔餐厅

尝尝毛岛版"农家乐",那么不妨怀着好奇和包容的心情去探索一番吧。

因地制宜的美食

毛里求斯有着鲜明的岛国特征。广袤海域中蕴藏着巨大的渔业资源,海鲜对于毛岛人来说从来不是什么奢侈品,湿润的海洋性气候则让他们养成了吃辣的习惯。

不可错过的海鲜

岛上海鲜有龙虾、螃蟹、大虾、大马哈鱼、马林鱼、金枪鱼等,都是通过远洋捕捞或近海养殖而得。西餐厅多用奶酪、蘑菇酱或黄油烹制海鲜,印度餐厅的海鲜透着浓重的咖喱味,中餐馆则以广式的白灼和清蒸取其鲜味,甚至还能吃到就地取材的新鲜日本料理。

烟熏马林鱼(smoked marlin)是毛岛西餐中具有代表性的头盘。马林鱼经过特殊的熏制和冷冻,再以特殊的刀法进行加工,配上新鲜橄榄和蔬菜做成的沙拉,在视觉和味觉上给人以双重享受。

石斑鱼(grouper)作为淡水鱼的代表也在毛岛餐桌上大行其道,且售价远低于国内,青、红石斑辅以葱姜上锅清蒸,便成为了不可多得的美味。

螃蟹与龙虾(crab and lobster)是毛岛高级餐厅的招牌菜,在海边偶尔还能看到举着刚捕获的生鲜叫卖的渔民,那张牙舞爪的劲儿着实令人垂涎。当然,想要在街边餐馆或是市场上找到品质上乘的螃蟹和

毛岛海鲜

龙虾是不容易的。毛岛的海鲜大部分出口欧洲，剩余的也尽数被高级酒店和餐馆收去。

气候与辣椒

为了抵抗潮湿的气候，毛岛人除了会像中国南方人一样将鱼、肉和蔬菜进行加工腌制外，更离不开辣椒这一除湿圣品。在青椒内填入肉馅，再裹上面粉油炸，就是一道绝佳的开胃菜。用青辣椒碎和椰子肉、薄荷叶等辅料调制而成的特色辣椒酱，是当地居民必备的佐餐品。

面、米当道

毛岛人喜欢吃面。Dholl Puri 与 Roti 是两种主要面食。前者由形如黄豆、味如豌豆的木豆和面粉混合制成，既有绵密的口感又颇具嚼劲，裹以咖喱菜肴食用。后者类似于中国的烙饼，以面粉为原料，香软可口，配汤食用。毛岛人更喜欢吃米。从印度与巴基斯坦进口的巴斯马蒂香米（Basmati）细长而干瘪，远没有中国东北大米的润泽饱满，却颇受当地人青睐。

甜点和美酒

生长在甘蔗产区，毛岛人嗜甜的天性显露无遗。无论是熔岩巧克力（Chocolat Fondant）、烤奶油（Crème Brûlée）、青柠白露（Glace de Citron）等西式特色甜点，还是传统的中式点心，都是明证。

毛岛人爱喝酒胜过饮食。当地生产的凤凰牌啤酒（Phoenix）采用德国工艺并精选麦芽酿造而成，曾获国际金奖，酒味醇厚、麦香四溢，稳稳占据着毛岛 90% 的啤酒市场。由甘蔗酿制而成的朗姆酒可与古巴等国的佳酿媲美，是当地印裔和克里奥尔人理想的佐餐酒。拉波多内（Château de Labourdonnais）与查马雷尔（Rhumerie de Chamarel）等庄园自酿的朗姆酒口味清冽，并有香草、咖啡、水果等多种口味，颇具本地特色。

购物在毛岛

中央市场的各色非洲首饰

在毛岛，游客既能在中央市场淘得价廉物美的当地特色商品，也可在大型购物中心和珠宝商店血拼一番。近年来毛岛旅游部致力于打造购物岛，并联合各品牌商家在 6 月至 8 月举办毛岛购物季，取得一定成效。但毛岛的一线时尚品牌无论在款式和价格上都不具太大吸引力，这与其欧美时尚大牌代工基地的身份多少有些不符。既然来到毛岛，不如就买一些当地特产带回家吧。

红茶

毛岛人对红茶的喜爱颇具英国做派。曾经，英国人钟情于在毛岛温润气候和红色土壤中种植而得的茶叶，将其作为贡品进献给英国女王，味甘醇香、营养丰富的毛岛红茶也因此在欧洲声名鹊起。岛南的 Bois Chéri 茶园是毛岛茶叶最负盛名的产地，在此出售的红茶包括茶包和茶末两种包装，具有原味、香草、柠檬、椰子等多种口味。同名品牌的茶制品包装精美，轻便易携。

船模

船模是岛上非常有特色的一种高级工艺品，是按照历史上真实出现过的英法舰船、中国三宝船、美国蒸汽船、游艇等原比例缩小的纯手工制作模型，多用杉木作为船身和桅杆，特质布料

毛里求斯船模

天堂原乡
——
毛
里
求
斯

作为船帆，工艺精美，栩栩如生。船身长度从 10 厘米到 1.5 米不等。值得注意的是，毛里求斯航空公司在托运较大船模时或将收取一定费用。

钻石

在一般印象中，南非作为钻石原产地，当之无愧将成为购买钻石的最佳去处。其实，毛岛的钻石价格与南非相仿，切割工艺更是深得意大利技师真传，并经国际顶级钻石鉴定机构鉴定。阿达马斯（Adamas）是毛岛颇具名气的钻石品牌，还可为新婚夫妇定做戒托，不失为一项好的购物选择。此外，经过加工的"坦桑蓝"（Tanzanite）在毛岛也能以合理的价格买到。

非洲工艺品

毛岛手工艺人制作的渡渡鸟雕像是当地一大特色，当最初的手工艺品逐渐变成一种旅游纪念品，对质优价廉工艺品的挑选就成为了一门学问。质密色深恐怕并非唯一标准，在一些隐藏于闹市中不起眼的

中央市场的五彩编织品

手工艺品店中，手工彩绘的渡渡鸟雕像就需要锲而不舍的人们去发现。此外，来自马达加斯加的特色宝石和化石，来自克什米尔地区的羊毛制品也是毛岛市场上的流行货，正静静地躺在商家五彩斑斓的热闹店铺中，等待着慧眼识珠的伯乐们。

第 3 节

一年到头总是节

漫步在毛里求斯的大街小巷，擦肩熙熙攘攘的人群，或许只是不经意的抬头，便随处可见那些色彩斑斓、形态各异的印度庙、清真寺、基督教堂或是寺庙道观。在世界各国法定节假日排行中，毛里求斯以15天法定假日名列前茅。游客无论何时造访，总能感觉到节日欢乐的气氛。一年到头总是节，这大概就是天堂原乡的特色吧！

中国春节当地法裔小孩身着中国民族服装

春节（Chinese Spring Festival）

　　毛里求斯是非洲唯一一个将中国春节定为法定假日的国家，这得益于中毛良好的双边关系、华侨华人为当地社会经济所做的重要贡献以及毛国政府奉行的多元文化政策。

　　在这里，人们延续着中国的传统习俗，挂灯笼，放鞭炮，吃春卷，访亲友，期待来年万事顺遂、吉祥如意。

　　在此期间，中国驻毛里求斯大使馆与毛里求斯文化部、各市政府及华人社团合作，举办各种庆祝活动，并邀请来自中国的文艺团体演出，由毛里求斯国家电视台实况直播，为当地人民奉上一份丰盛的中华文化大餐。

　　新年期间的唐人街无疑是最热闹、最有年味的地方。各种肤色的人们在震耳欲聋的鞭炮声中，兴奋地观看着舞龙舞狮演出，并跟随游行队伍走街串巷。醒狮队沿街起舞，逐户拜贺，主人家则悬赏于门，包红挂青，让瑞狮摘取，名曰"采青"，希望把好运带回家。

　　其他族裔的毛里求斯民众也感受着这份热闹，相互抱拳作揖，互道"Kung Hei Fat Choy"。那火红的灯笼、威风的舞龙舞狮、绽放的烟花、不绝于耳的鞭炮以及传统的中华文化表演，很容易让人产生置身故乡的错觉。

扎针节（Thaipoosam Cavadee）

　　印度裔泰米尔人在每年泰米尔历的泰月（第十个月）满月（通常是

泰米尔扎针节

1月或2月）举行扎针节，庆祝湿婆（Shiva）和雪山神女（Parvati）的幼子——战神穆卢干（Muruga）的诞生。该节日成为泰米尔人祈福感恩、赎罪还愿的日子，而其中虔诚的自残行为会让许多第一次见识的游客瞠目结舌。

　　节日正式开始的前10天，信徒们会在庙宇举行仪式，宣布祭祀开始。此后，他们将向神祈祷，献祭水果、牛奶和藏红花水，用禁欲和斋戒让

天堂原乡
——
毛里求斯

身体和心灵都做好准备。

节日当天，全岛各地的信徒们身穿藏红花染色的衣服，先到附近的河边或湖边沐浴净化，然后在祭司的主持下，大声朗诵经文和圣歌，进入出神状态，再用银针、铁钩或更粗更长的金属刺穿额头、舌头、双颊、前胸、后背和四肢。银针和铁钩上悬挂着青柠，目的是为了增加痛感。随后信徒们赤着足，肩扛沉甸甸的卡瓦第（Cavadee），甚至脚穿钉鞋，用钩子钩住背部拉起卡瓦第，开始长达数千米的游行，最终到达印度庙献祭。卡瓦第是用花朵、神像以及代表穆卢干坐骑的孔雀羽毛等装饰的"赎罪架"和"移动祭坛"，多用拱形曲木或钢筋制成。

扎针和背赎罪架源自一个传说。穆卢干从湿婆手中承接大统之日，一名教徒收到神谕，要求他登上名为 Pazhani 的高山。他便与随从肩挑两端绑着牛奶罐的扁担，步步登顶。为了忘掉劳苦，他们一路唱着赞美穆卢干的曲子。这就是今天仪式的原型。

扎针节正遇上毛岛最炎热的季节。烈日炙烤下，信徒们前胸后背穿刺的上百个银针形成的扇面反射着耀眼的光，皮肤在铁钩穿刺下似乎要被撕破，让人胆战心惊。为确保游行人员安全，毛国政府全线封路并安排消防车洒水，给路面降温。路边的群众和商铺自发设置摊点，免费发放冷饮。经过艰难跋涉，游行队伍最终抵达神庙。信徒们跪拜在穆卢干神像的脚下，点起油灯，献上牛奶、水果和鲜花。伴随着圣歌，信徒们卸下卡瓦第并拔掉银针和铁钩，奇怪的是，皮下并没有血水渗出。人们相信这是纯净虔诚带来的神迹。

湿婆节（Maha Shivratri）

毛里求斯印度教教徒在每年 2 月或 3 月庆祝湿婆节，纪念湿婆与雪山神女的

人们将神像抬往圣水湖

结合。这是印度境外最盛大的印度教朝圣活动。每年有近五十万身穿白衣的教徒，肩扛供奉神像的木质"坎瓦"（Kanwar）。坎瓦上扎满鲜花、铃铛、小镜子、彩条和各种装饰品。他们要长途跋涉数日来到圣水湖朝圣。整个场景与在恒河岸边每年一度举行的仪式如出一辙。

节日期间，全岛遍布着湿婆画像，画像中恒河从湿婆的头顶流出。在毛国当地有一个关于恒河水的传说。湿婆和雪山神女在空中巡视，被海洋中一个耀眼的岛屿所吸引，湿婆准备降落时，他头顶的恒河水有几滴坠落在毛岛上形成了湖泊，即圣水湖。湿婆预言，日后会有来自恒河岸边的信众到此生活，他们每年会来湖边朝圣，圣水坠落对他们是一种给予。

虔诚的教徒们一般提前一个月就开始斋戒、祈祷和献祭，并制作"坎瓦"。中小型"坎瓦"由朝圣者肩扛，超大型的则装上轮子推行，代表牺牲和奉献。教徒们在节前几天即开始徒步踏上朝圣之路。毛里求斯政府、企业、商铺和庙宇都会沿路搭设帐篷，为他们提供水、食物和歇脚之处。

经过数日的艰难行进，教徒们最终抵达圣水湖，向湿婆神像献祭和祈祷。他们用金属罐舀起圣水，向圣水祷告后倒回湖中，如此反复数次后仅留下一罐，放在"坎瓦"上带回家中。之后，教徒们以村为单位一起载歌载舞，通宵庆祝。

天堂原乡
——
毛里求斯

象头神节（Ganesh Chaturthi）

印度教教徒一般在每年 8 月或 9 月庆祝象头神伽内什（Ganesh）的诞生。象头神，象头人身，是湿婆和雪山神女的长子，具有巨大的力量和强健的记忆力，能排除各种障碍，是智慧之神和幸运之神，深受印度教徒喜爱，也是印度教各大教派共同崇拜的对象。象头神节前一个月，信徒们即开始预订自家的象头神塑像。象头神塑像被摆放在家中或寺庙中祭拜 10 天。信徒们念诵经文，供奉上神喜欢的"莫达克"（Modak）和"拉杜"（Laddoo）等传统甜食。

节日当天，信徒们全家出动，抬着坐在莲花宝座上的象头神塑像，伴着欢快的音乐，一路载歌载舞，前往海边或河边祭祀。人们念诵经文和咒语，摇晃着

象头神节人们将神像放入水中

铃铛，献上椰子、香蕉、甜食等贡品，表达虔诚和祈望。仪式后，人们簇拥着塑像，在太阳下山前缓缓地将其沉入水中，并大声说着"Ganapathi Bappa Morya, Purchya Varshi Laukar Ya"（天神伽内什，请明年再次到来）。

象头神塑像沉入水中，象征着回归自然，代表创造与毁灭的轮回。信徒们相信此仪式会将他们所有的不幸带走。塑像是用黏土和石膏做成的，被潮水冲得越碎就越预示着吉祥。

排灯节（Divali/Deepavali）

每年 10 月或 11 月庆祝排灯节期间，满街的灯火点亮了毛里求斯的夜晚。这是印度教教徒庆祝罗摩大神（Rama）战胜魔王罗波那（Ravana），也是迎接司掌财运的吉祥天女拉克希米（Lakshmi）下凡、祈求吉祥和财富的日子。它象征着光明战胜黑暗，也象征着幸运和富足。历史上，排灯节源自南亚次大陆上的先民庆祝五谷丰登的灯火仪式。商人们也习惯在这天换用新的账本，以求财源滚滚。

在这个节日里，印度教教徒会将房屋打扫得一尘不染，墙壁粉刷一新，在

油灯

家里点上成排的油灯，在庭院、门前或阳台上挂起彩灯。一些家庭还会在自家门厅前绘制摆放绚丽纷呈的蓝果丽（Rangoli，印度的一种传统地画艺术，一般用手工绘制于家门口或庙门口），表达对未来生活的美好愿望。据说吉祥天女只进入干净明亮、心灵纯净的家庭，所以家家户户争奇斗艳、虔诚祭拜，希望吸引天女上门，为来年带来好运。

在毛岛上，排灯节的影响已超出了印度教范围。来自各族群的人们相互问候和祝福 "Happy Divali"（排灯节快乐），还会制作和购买 "拉杜"（Laddoo）、"玫瑰奶球"（Gulab Jamun）、"红薯饼"（Sweet Potato Cake）等各种小吃，

与亲人、朋友和同事分享。

开斋节（Eid-ul-Fitr）

毛里求斯的穆斯林忠实地践行着宗教传统。开斋节是穆斯林庆祝斋月结束的节日，具体时间要依据精确的天文测算而定。斋月期间，每天从日出到日落，穆斯林不能饮食。通过体验饥饿和干渴的痛苦，净化自己的灵魂，坚定对真主的信仰。

开斋节当日，毛里求斯的穆斯林们一般很早起床，穿上新衣，和家人一同享用由牛奶、细粉、椰枣、坚果等调制而成的早餐。开斋节的祷告是一年中最重要的。祷告后，很多当地穆斯林家庭还会去墓地拜祭先人并走亲访友，互致问候。

第六章

印度洋上的明珠

印度洋是毛岛得天独厚的财富，毛岛也因其特殊而重要的地理位置成为了印度洋上的明珠。毛岛人像爱护自己的生命一般珍视这片浩瀚的海上运动场。无论是丰富的海上运动还是出海观光，抑或在海岸边的高尔夫绿茵上向着眼前的深蓝挥动充满敬意的一杆，都无不在为毛岛这颗璀璨的明珠赋予新的时代意义和生命内涵。作为游人，我们不必也不能带走什么，却能将这运动天堂的一抹亮色永远收藏进记忆的珠宝盒中，点亮下一段充满活力的人生旅程。

做一条快乐的飞鱼

大海在毛岛人的生活中无处不在。他们喜欢在海边安家、把屋门漆成海蓝、将常用器皿绘上波浪，他们靠海玩海，将浩瀚印度洋作为宽广的水上乐园。潜水、划艇、帆船、冲浪，在其他地方或许是贵族运动，在这儿却是全民化的消遣。无论假期还是工作日，只要一得闲，毛岛人总会想方设法到海边享乐，做一条快乐的飞鱼。

滑水

鱼游海面——滑水、划艇、站姿划桨、风筝冲浪、水上滑翔伞

毛岛的度假酒店是水上运动最集中的场所。一般只需在船屋登记姓名和房号，就能免费体验各色水上项目。酒店推出的标准化课程和尽责尽职的当地教练让初学者也能迅速"脱菜"。船屋的开放时间有限，想要充分体验不得不早起，许多人恐怕要被迫做出苏菲的选择。

滑水（water skiing）

滑水是毛岛全民娱乐的最佳诠释。作为入门级水上项目，它因趣味、刺激、普适而广受欢迎。穿上滑水板，手持绳索，只要在专业人员指导下掌握起势和站姿的要领，就能在快艇的带动下施展"水上漂"的轻功。当地五六岁的孩子初次接触水上运动，就能在家长的鼓励下像模像样地玩起来，有时还真让在一旁缺乏勇气尝试的大人们汗颜。

划艇

划艇（kayaking）

划艇是探索毛岛海边浅滩的最佳交通工具。从酒店船屋出发是最佳方式，不过初学者要注意掌握艇身平衡，否则将不得不翻身下水。

站姿划桨（stand-up paddle）

毛岛人将创意在水上运动中发挥得淋漓尽致。划艇和冲浪在任何一个海滨度假地都算不上稀奇，毛岛人却将两者做了巧妙结合，推出站姿划桨。每年12月初在岛东举办的站姿划桨赛吸引了民众的广泛参与，比赛分为竞速、悠游等小项，不仅邀请欧美冠军参赛，还向普通游客开放。风筝冲浪学校（Kitesurf Paradise Kite & SUP School）还为此推出特别训练营。对于体验家们来说，以站姿划桨的方式在海中的红树林中穿梭将是一件无比惬意的事。

风筝冲浪（kite surf）

毛岛人懂得为每项运动挑选最合适的场地。风筝冲浪是毛岛西南的特色项目。摩尔山附近的海域是东西海流汇聚之地，摩尔山最南端就是风筝冲浪的绝佳场所。Mistral、Yoaneye等水上俱乐部在此汇集，滋养着毛岛的风筝冲浪文化。每年11月底举办的

风筝冲浪

风筝冲浪节吸引着来自俄罗斯等国的冲浪高手们，媒体也会对此进行报道。

水上滑翔伞（water parachute）

毛岛人绝不在拥挤的旅游区凑热闹。对游客而言，坐水上滑翔伞就该去鹿岛，2000卢比就能在快艇拖动下在空中飘上十几分钟，绝对值得。当地人却不这么想。旅游巴士司机会一脸兴奋地介绍说，"到了周末我们全家就租车去岛西南的摩尔山，那儿的滑翔伞比旅游点要便宜一半，时间又相当充裕，玩上个把小时没有问题。"

鱼翔海底——浮潜与潜水、潜水艇与海底摩托

浮潜与潜水（snorkeling /scuba diving）

毛里求斯海水清澈，终年温度适宜，由珊瑚群、暗礁和寄生其间的动植物构成的海底风光明丽动人。带上酒店船屋提供的面具和吸管，光是浮潜，身体和心灵在海底水草和藻类的轻抚中就能体验与斑马鱼群共舞的美妙感觉。只要有探底深蓝的勇气，想做一名真正的蛙人也并非难事。

毛里求斯的潜水地距离陆地较近，一般乘船不出20分钟即可到达。岛北的

潜水

珊瑚礁颜色最鲜艳，在多个小岛附近的海沟中较易发现大型热带鱼类和浮游鱼群。在岛西，几百万年前火山喷发形成的神秘洞穴是螯虾、海鳗的理想栖息地，海底洁白的细沙在穿透水层的阳光下发出迷人的条纹形光晕。名为"大教堂"的洞穴深达 35 米，陡峭的岩壁上铺满了坚硬的珊瑚，在印度洋底静静地等待着勇敢的潜水家。在兰坝地区（Rempart Serpent）的海底聚集了狮子鱼、石鱼等只可远观的有毒鱼类。如果清晨在塔马兰（Tamarin）下水，那将是一段有海豚相伴的浪漫旅程。而东南信风为岛东的海水带来了丰富的氧气，使珊瑚与鱼类得以大量繁殖，亦不失为潜水的好去处。在岛南摩尔山一带，不畏惧强劲海流的专业潜水者甚至能够近距离接触 19 世纪英国战舰"天狼星"号的残骸。据当地潜水员介绍，此处还曾发现过体形宽大、十分凶猛的牛鲨。

海底潜水艇

毛里求斯人对潜水文化心怀敬意，并为推广该运动于 1998 年成立了毛里求

斯国家潜水协会。该协会隶属于世界潜水联合会，致力于普及潜水运动，并对潜水培训的"上游"，即潜水教练员实行严格的选拔和考核制度。考核评委会的成员绝非等闲之辈，他们都是国家级专业教练和警方潜水教官，提醒未来的教练员其肩负的保障学习者安全的重大责任。因此，毛岛所有的潜水俱乐部都严格遵循着由泳池到浅滩、再到深海的渐进式教学，避免初学者发生意外。取得执业资格的教练员被派遣到全岛 50 余家潜水俱乐部，为合格的潜水者颁发 CMAS 或 PADI 潜水证。毛岛潜水协会每年会举行仪式，向教练员颁发三个类别的证书，分为救援、海底深潜和水下摄影。毛国渔业部、旅游推广局、国家海岸警卫队、水下运动集团均会派代表出席。在颁发证书的一刻，新毕业的教练员们都会异常兴奋地接过证书，这正来源于他们对潜水事业的满腔激情和对海底生态的由衷热爱。

潜水艇与海底摩托（submarine/subscooter）

不可否认，毛岛人的确从法国殖民者身上承袭了浪漫的天分，这体现在他们对潜水艇和海底摩托等海底观光项目的特色开发上。蓝色旅行（Blue Safari）公司在岛北推出的潜水艇并不大，芬兰制造、通过挪威船级社权威认证的 BS1100 号潜艇最多能载 10 人，法国制造的 BS600 号最多能载 5 人，相对狭小的空间却为游客提供了无人打扰的私密空间。包下整艘潜艇并直达水深 35 米的静谧深蓝，身处由克里奥尔船长精心布置的船舱，窗外是珊瑚丛中穿梭的鱼群，新婚的恋人可以在舒缓的音乐声中品尝一顿丰盛的法式香槟大餐，在生命中留下一段独特的蓝色记忆。也因此，新奇、浪漫的潜水艇往往一座难求，其受欢迎程度可见一斑。

海底摩托同样颇具吸引力。头戴氧气面罩，身骑摩托，在水深 3 米的海底体验鱼群擦身而过的奇妙感觉。无论是单人摩托的猎奇，抑或双人摩托的甜蜜，都值得长久回味。

鱼跃蓝天——浮筒式水上飞机、直升机、高空跳伞

浮筒式水上飞机（seaplane）

法国的瓦赞兄弟在 20 世纪初发明了第一架箱形风筝式滑翔机，机身下装有浮筒。他们做梦都没想到的是，自己的灵光一现却创造了如今风靡全球的水上飞机，成就了全新的海滨体验方式。乘坐毛岛公司推出的 ULM 型水上飞机，体味"苍茫望海天，白浪阔无边"的绚景，是一种独特的感受。这种双座浮筒式水上飞机每次仅能搭载 1 名乘客，飞行员布鲁诺和巴奎驾驶着亲自购置的飞机，总能滔滔不绝地向乘客例数从岛北的格朗高贝（Grand Gaube）直至黑石（Roches-Noires）一带的琥珀岛、浅水湾等美景。飞行过程中机身还会掠过海面，伴随着呼啸的海风溅起浪花朵朵。

直升机（helicopter）

毛里求斯从来不缺少私家的奢华体验。乘坐直升机在云端俯瞰毛岛山水相拥的全貌，用旋转的机翼去丈量脚下这片土地，无疑是最直观、最与众不同的方式。只需通过毛里求斯航空公司提前预订，这种个性化服务从游客踏上毛岛的第一刻便已开始。长途航班甫一降落，直升机机组成员便已守候待命，在协助完成入境手续后载着乘客前往酒店，穿行于蓝天白云间，脚下是一碧万顷的波涛，不亦乐哉！如果觉得意犹未尽，直升机也能从空中直降在某处山间餐馆或最负盛名的高尔夫球场，成为深度体验毛岛最好的交通工具。

高空跳伞（skydiving）

在兰坝河一带，如果抬头望天时看见一架塞斯纳飞机上跳下一对不顾生死的飞人，那么千万不要惊讶，那正是体验高空跳伞的勇士。来自津巴布韦的克里斯与比利时的盖腾都有着 20 多年的跳伞经验，自 2009 年起就在毛岛 Skydive Austral 公司从事教练工作，引领着许多初次体验者步入高空跳伞的殿堂。当飞机攀升至 3050 米的高空，地面所有事物都简写成大片的蓝、大片的绿和大片的黄，这正是戴上挡风镜、纵身一跃

天堂原乡

——毛里求斯

空中滑翔伞

的完美时刻。不必担心孤立无援，因为速降过程中教练随时与菜鸟们捆绑在一起。在自由落体的 40 秒内，面部在风的急速挤压下变形扭曲，随着肾上腺素分泌而放大的瞳孔将身下的江海山川尽收眼底。

大海情结

大海是毛岛人生活的重要组成部分。每到周末，当地家庭会挑选一片公共沙滩，在遮阳的木麻黄树（Filao Tree）下铺上草席，悠然自得地度过一段轻松愉快的时光，有时还会搭起帐篷，就着滩头的路灯度过头戴星辉的一晚。海边凉亭里穿着明艳的克里奥尔妇女就着由达姆鼓、拉瓦纳手鼓、马拉瓦纳木沙盒和三角铁发出的轻快节奏轻曳裙摆、扭动曼妙身姿。水果小贩闻声而来，向路人兜售鲜美多汁的椰子。冰激凌车播放着清脆的音乐，车里的人不紧不慢地招徕着生意。由流动商贩催生的"海滩经济"虽让毛国政府管理部门头疼不已，但却为毛岛海滩文化做了最具生活化的诠释。

水上运动的高度普及化让毛岛人练就了健壮的体魄，也是他们永葆青春的秘诀。近年来，毛国政府利用得天独厚的自然优势，为普通家庭参与水上运动提供一切便利。当地人凭借身份证到各大酒店和水上运动俱乐部可享受较大的折扣优惠。政府不屈从于商业开发带来的片面增长，设立了大量非营利公共沙滩，甚至规定部分五星级酒店的沙滩也免费对公众开放，保障了全体公民享受海洋的权利。毛岛人还积极打造各项水上赛事，邀请世界名将参赛，鼓励群众广泛参与。走在毛岛的街头，常能见到身材健硕的青年男女，毛岛人的高寿也是相当著名的，这不得不归功于水上运动的普及。

第 2 节

与海豚齐舞

毛岛风光能放松烦躁的情绪，让心灵回归自然。主岛风光旖旎，四周环绕的蔚蓝印度洋和点缀其间的小岛也是深度放松的绝佳场所。盘坐在双体船（catamaran）头的围网上，飞扬的浪花拍击着船身，不仅溅湿了衣袖，更宽阔了胸襟。平静的水面下，海豚正鸣叫着追随左右，偶尔还会翻身跃出水面，用最亲切优美的方式邀请游人们共舞。

海豚

海岛徜徉

　　毛岛四周散落着的小岛就像一颗颗落进大海的遗珠，等待着人们去欣赏。岛北的加布里埃尔岛（Gabriel Island）、平岛（Flat Island）、圆岛（Round Island）、蛇岛（Serpent Island）一线，岛东的鹿岛（Ile aux Cerf）一线，岛西的信天翁岛（Ile aux Bénitiers）一线都是十分经典的线路，足以令人在海上和岛上享受一整天轻松惬意的时光。

　　线路的安排是丰富的。双体船或海盗船会在早晨扬帆启航，微咸的海风给人带来清新的兴奋感，航行中间会有浮潜、空中滑翔伞等水上项目，抑或坐上快艇探寻深藏于两岸山谷之间的神秘瀑布。中午时分，游艇靠岸，洁白的沙滩便呈现在眼前，接下来便又是一段轻松愉快的海滨休闲时光，直到傍晚时分伴着满船的晚霞返回。

第
六
章

印
度
洋
上
的
明
珠

午餐自然是不用发愁的。现场烹制的烤鱼、烤虾、烤鸡不能说丰盛，却颇值得一尝。塞卡舞女郎提着篮子将食物分装到众人的盘中，并为客人的酒杯中倒上红白葡萄酒、朗姆酒等酒水饮料。用餐时，船员便取出木吉他、拉瓦纳鼓，演奏上一曲地道的克里奥尔音乐，这就到了与塞卡舞女郎共舞一曲的时间了。

鹿岛游

鹿岛位于毛岛东部，因其拥有毛岛最美的海滩和顶级的高尔夫球场而被誉为"天堂之岛"。从岛东 Trou d'eau Douce 码头出发，孤悬海上的鹿岛在视野中逐渐清晰。曾经，鹿群在迁徙季节从岛上的水湾中涉水而过，鹿岛也因此得名。岛上拥有宽阔平静的礁湖、洁白如脂的沙滩、椰子和木麻黄

宁静的港湾

树林间隐藏着一栋栋造型古朴别致的石头房和茅草屋。宽达百米的浅滩让旱鸭子们也有了与大海亲密接触的机会，水上运动爱好者则可在此尝试帆板、快艇、玻璃底船、水上滑翔伞、香蕉船等各项运动。

加布里埃尔岛游

加岛是毛岛最北端 20 千米处无人居住的小岛，从大湾（Grand Baie）乘坐快艇或双体船出发，分别需要 30 多分钟或 2 个小时到达，前者虽快，也能在岛上逗留更长的时间，却容易忽略沿途的风景。加岛因其始终保持着原始朴素的风貌而备受游客推崇，通体洁白的天堂鸟在此筑巢繁衍，自由翱翔，因其美丽高贵而倍受爱护。天堂鸟原名白尾鹲，身体修长，尾羽占据了身长的一半，在空中飞行

天堂原乡
——
毛里求斯

的姿态优美，甚至成为了毛里求斯航空公司（Air Mauritius）的标识。

加岛周边有珊瑚礁围成的泻湖，水面平静清澈，是游泳、浮潜的好地方，可以一览海底胜景。

前往加岛的必经之路上有一座著名的库万德米尔岛（Coin de Mire）。它是离毛岛北岸最近的岛屿，拥有着162米的毛岛岛屿悬崖高度之最。岛的一端悬崖高耸，另一端坡势平缓，因形似鲸鱼

加布里埃尔岛上的天堂鸟

也被人称作鲸鱼岛。当双体船靠近库岛悬崖之时，高岩峭壁给人的震撼感以及白鸥翔集的梦幻感必令人印象深刻。

寻找海豚的清晨

岛西的塔马兰地区是野生海豚的自然栖息地。在清晨或傍晚时分，乘坐双体船或快艇从黑河或弗利康弗拉克一带的码头出发，就能邂逅成群结队的海豚。如果在阳光普照的白天，海豚会放弃在近海与游人们玩耍，而会游向深海捕食。

懂得与海豚相处之道的游客们为了更好更快地接近海豚，往往选择乘坐快艇并事先戴好潜水装备。一旦寻到海豚的踪迹，便一头扎进水中，与海豚们展开一场追逐的嬉戏。海豚天生聪慧，调皮地引逗着人们亦步亦趋地追随，倏地又消失不见，让人摸不着头绪，却情不自禁地再一次寻找。不过，游客需事先在船长的指导下了解海豚习性、掌握与海豚共舞的要领，才能放心出海。

当然，乘坐双体船、在甲板上一边品尝美酒一边聆听远处的海豚音，也不失为一种悠闲的选择，远观而不亵玩倒也符合中国人的传统处世观。此外，如果在合适的时间选择岛西酒店的出海项目，偶遇海豚的概率也能高达 50%。如果运气好，在岛北出海也能偶遇海豚。

海钓激情

毛岛几乎没有大陆架，乘船不出半小时就能到达深海，闯入金枪鱼、马林鱼群甚至鲨鱼们的地盘，而这恰成就了深海垂钓爱好者的乐园。

深海鱼群的活动范围主要集中在岛北和岛西的广大海域，从黑河、摩尔山、弗利康弗拉克再到鹿洞（Trou aux Biches）和大湾。每年 11 月至来年 4 月的夏季，大量海钓爱好者便会涌入这片海域，争夺海钓霸主的头衔。傍晚在岸边，不难看见一艘艘渔船载着几十斤重的大鱼凯旋而归。

无论是通过旅行社还是酒店预订,垂钓船都会安排往返酒店与登船地的交通。深海垂钓需乘坐配备有加强鱼线、绕线轮等专业设备的渔船,在清晨时分扬帆出海。在船长的指挥下,一场众人分工配合、时刻准备与大鱼博斗的刺激旅程缓缓拉开序幕。

　　对于钓鱼专业人士而言,证明自身的实力与身份并不困难。岛上的海钓俱乐部与酒店和国际海钓协会联合举办的各类海钓比赛将成为他们展现才能的舞台。南印度洋长嘴鱼竞赛(South Indian Ocean Billfish Competition)和马林鱼世界杯海钓比赛作为毛岛最具影响力的两大国际性海钓赛事,正吸引着越来越多来自世界各地的海钓爱好者。

双椰岛

这一杆，致大海！

在毛里求斯，打高尔夫球实在是再普通不过，也再奢侈不过的运动了。说它普通是因为高尔夫在毛岛是任何人都玩得起的草根运动，在当地俱乐部打一场球费用低廉，这在中国简直难以想象。说它奢侈是因为毛岛有胜过欧洲的绝美球场，依海岸地势修建的球道把"一半海水一半绿茵"演绎到极致，将球道的难度设计思路与原有的梦幻多变的自然环境完美结合。来自世界各地的好手每年都会把来毛岛比赛视作一种享受，中国的张连伟就是其中一员。

高尔夫

毛岛高尔夫历史

1842 年 7 月 4 日，英国殖民者将现代高尔夫运动介绍到毛里求斯，第一个球场位于首都路易港的战神广场（Champs de Mars），也就是如今赛马场的所在地。1844 年，英国驻军又在瓦瓜的"英国城"修建了一个集马球与高尔夫为一体的球场，并逐步演变为南半球历史最悠久的毛里求斯吉米卡纳俱乐部（Gymkhana Club），至今仍是具有地标意义且颇具社交功用的高级俱乐部。

1842 年，毛岛举行了首场高尔夫比赛，而如今许多地区和国际级赛事纷纷落户此地。历史上最具趣味的比赛之一要算盛行于 60 年代的"千杯"赛。参赛者任意挑选 2 根球杆外加一根推杆，在赛前要饮上一杯名为"千弹"的烈酒，并在此后第 5、10、15 和 18 洞开打前各喝上一杯，直至胜利完成比赛或中途因醉酒而被手推车请出场地。

符合国际标准的高尔夫球场于近 20 年慢慢发展起来。随着各项高尔夫赛事与推广项目的不断推陈出新，在毛岛已延续近 200 年的高尔夫运动的历史似乎才刚刚开始。

高尔夫球场

毛里求斯的标准高尔夫球场基本都与酒店相连，也大都建在海边。风光秀美、天宽海阔、绿草如茵、椰林树影。置身其间向着广阔的印度洋潇洒地挥杆，是种无比潇洒且颇具满足感的体验。又因毛岛四季气候温和湿润，为草皮维护减轻了不小难度，使球道随时处于良好的待命状态。

康士坦茨贝尔马赫沙滩传奇球场（Constance Belle Mare Plage Legend）

该球场位于岛东的贝尔马赫沙滩（Belle Mare）区域，于 1994 年由狩猎场改建而成，球道总长 6018 米，共 18 洞，标准杆 72 杆，四周被原始森林环绕。因其众多的

高尔夫课程

水域和森林灌木等障碍而颇具技术难度，也因其挑战性而被誉为冠军球道。著名的第 17 洞需要一杆飞跃大海，才能攻上果岭，但凡挥杆失误或是用力不足，都会让球成为向大海致敬的献礼！

康士坦茨贝尔马赫沙滩球场（Constance Belle Mare Plage Links）

作为康士坦茨双子球场中的"弟弟"，该球场建成于 2002 年，由美国高尔夫球道建筑师 Rodney Wright、英国传奇球手与球道设计师 Peter Allis 设计。球道设计别具匠心，总长 5942 米，共 18 洞，标准杆 71 杆，球道旁是毛岛特有的火山岩堆，在起伏的山坡上能俯瞰毛岛内陆的无限风光。变化多端的球道、纯净的美感享受以及颇能挑战技巧的坡度果岭能让每个球手都兴奋起来。第 13 和 14 洞因紧临湖区，会让人感觉瞬间置身于一片广大水域，产生出离尘世的晕眩感。

四季高尔夫俱乐部球场（Four Season Golf Club）

该球场位于毛岛东岸的博尚（Beau Champ）甘蔗种植区，与鹿岛隔海相望。球道建于 2008 年，全长 6282 米，共 18 洞，标准杆 72 杆，由南非人 Ernie Els 设计，由班布山（Bambou）环绕，面朝大海。球道的性格可以用直率来形容，一片平坦的翠绿尽头就是大海，中间偶有火山岩砌墙、溪流等小障碍，大力挥杆型球手可在此找到用武之地。

贝隆姆博赫庄园城堡球场（Golf du Château Domaine de Bel Ombre）

该球场位于毛岛南贝隆姆博赫甘蔗种植区内，于 2004 年修建，有殖民风格的建筑点缀其间，球道全长 6498 米，共 18 洞，标准杆 72 杆，不但为进阶球手提供了充分施展各项技术的空间，更为初学者在每一洞都提供了 5 个发球台的选择，宽阔的球道也给球提供了更多跑偏的空间。不同球洞以及水障碍区的设置为球道增添了不少难度。球场中央特别设置了一组独立的 9 洞球道，每洞标准杆 3 杆，球道长仅为 50 米至 120 米，不仅为初学者提供了初学乍练的机会，也给进阶球手提供小试牛刀的场所。

洛克高尔夫球场（Le Touessrok Golf Course）

该球场位于岛东的著名旅游胜地鹿岛之上，建于 2002 年，由世界首位高尔夫排名第一的选手——德国冠军 Bernhard Langer 设计，这片独处海中央的高尔夫球场因其被蔚蓝的浅水湾、雪白的沙滩以及翠绿的红树林和木麻黄树环抱而具有令人窒息的美。球道全长 6452 米，共 18 洞，标准杆 72 杆，多片水障碍区和窄小的果岭使其成为球手能否精确制导的试金石，而强劲的东风又为每一次击球增添了不少变数。精细与专心是在此取胜的关键。

天堂原乡
——毛里求斯

高尔夫球场

天堂高尔夫俱乐部（Paradis Golf Club）

该球场位于毛岛西南角的摩尔山半岛，建于1992年，在20多年的时间里经历数次改建，成就了如今热带美景与技术难度的完美融合。球道依山傍水而建，全长5924米，共18洞，标准杆72杆，四周宁静的美令人仿佛置身于天堂幻境，几乎忘了挥杆。

塔玛瑞纳高尔夫俱乐部（Tamarina Golf，Spa and Beach Club）

该球场位于岛西的塔玛瑞纳水湾，建于2006年，球道全长6886米，共18洞，标准杆72杆。球场环境充满原始的野味，仿佛置身非洲大草原，毛岛著名的兰坝河从远处的兰坝山上蜿蜒而下，从眼前穿流而过。同样具有人性化的5个发球台设置，第6洞和第13洞颇具难度，需要沉着应对。

第七章

绿野迷踪

除了拥抱大海、观光景点和饕餮美食，毛里求斯游还蕴藏着许多惊喜。毛岛如同当地随处可见的鸡尾酒，乍看只是色彩斑斓、明亮动感的饮品，细细品来，口味醇厚，回味悠长，浓情了你全部的味蕾。如果你想完整地体味一番毛里求斯，去感受这个风光旖旎的国度更深的性格、更广的魅力，不妨"想走就走"。在徒步中感悟山重水复之后的柳暗花明，或者观看赛马和体验骑马，享受人马默契带来的速度与优雅的狂欢，又或者选择生态旅游，置身于原生态景观中去认识自然、感贺自然、保护自然，每一种选择都会让你领略一个不一样的毛里求斯。

第 1 节

山中云深不知处

来毛里求斯短暂旅行的人们，大概不会选择远足。丰富的海上活动和景点观光已占满数天行程。徒步数小时显然不适合来去匆匆的旅客。所以，国内各家旅行社推荐的旅游线路很少有这个项目。

　　可是，如果你想摆脱游客式的走马观花，做几日真正的毛岛人，如果你想用双脚丈量这片大地，更立体地触摸毛里求斯的真容，又如果你在心里已将那种叫毛里求斯的惬意同北上广的繁忙默默比较无数次并心生羡慕，那么，可以体验一下生态远足。路为纸，心当墨，行作笔，在鸟鸣蝉唱中感受毛里求斯慢生活的自然之源，在林静山幽中享受身心合一。

山间徒步

园中漫步

　　毛里求斯有几处路线标识清晰、服务设施较完善的徒步场所，最出名的要数两个免门票的国家自然公园：黑河峡谷国家公园和水湾国家公园（Bras d'Eau National Park）。

　　毛岛原本有很多独一无二的动植物物种。然而，400多年来，人类的过度开发使不少物种在岛上难以生存。1994年6月15日，为了保护岛上独特的动植物群种，黑河峡谷国家公园作为毛里求斯的第一个国家公园正式建成。该公园在毛岛西南

黑河公园的行为艺术家

部，占地6754公顷，约为毛岛面积的3.5%，是整座岛屿植被覆盖最为密集的地方。园内不仅有丰富的森林资源和独特的峡谷美景，还有和谐的生态环境。这里生活着毛岛独有的311种开花植物和9种鸟类，包括一度濒危的毛里求斯茶隼、鹃鵙、粉红鸽、回声鹦鹉等。这些大自然的歌唱家在各种保护措施的呵护下，数量正逐渐回升。

因为面积较大，公园为方便游客进出共设有4个入口，来自鸠比、瓦瓜和圣水湖（Grand Bassin）的，可以走东北方向的Petrin入口；来自黑河皇家大道（Black River Royal Road）的，可以走西北方向的Gorges入口；来自克斯诺亚尔（Case Noyale）的，可以走西方的Chamarel入口；来自舍曼格勒涅（Chemin Grenier）的，可以走东南的Les Mares入口。

公园为爱好徒步的人们专门开辟了总长度60千米的徒步路径并配套有信息中心、野餐区域等。第一次到此游览的客人可以在各入口处的信息中心向工作人员咨询。他们会友好耐心地推荐合适路线，提醒游客自备饮水，做好防蚊、防晒措施，并介绍路上的注意事项。园内有9条难易程度不一的路线供游人选择，如果是入门级爱好者，可以考虑6千米往返Les Mares的Savanne路线，难度级别为简单。其次是9千米往返黑河峰路线，一路前行可以到达海拔828米的毛里求斯最高峰——黑河峰，难度级别是温和。如果喜欢挑战，可以尝试从Plaine Champagne到 Visitor Centre 单程8千米的Parakeet Trail路线，难度级别为艰苦。

黑河森林公园

在园内，徒步爱好者可以从鸟语花香的峡谷林荫路一直登上云雾环绕的黑河峰峰顶，从东部湿润的高地森林下行到西边干燥的低地森林，从奔腾而下的瀑布口穿越到潺潺点金的小溪旁。由于植被茂密，高地和低地几百米的海拔差距会让平均雨量相差三倍、温度相差5摄氏度。不过是几千米的距离，小气候就有不小的变化。也许正走得眼冒金星、汗流浃背，突如其来的一场大雨让你瞬间清凉。因此，如果路线较长，带上一件雨衣是明智的选择。

即使不能坚持走完一条完整的路径，选择一段容易的路线，尝试漫步3千米，也别有一番滋味。你可以用最慢的速度前进，用最直观的角度感受。以直白的身体力行，收集这一路的珍奇美景：拥有独特雨伞形状的纳特树（Bois de Natte），穿着草绿色衣裳的小蜥蜴，戴着红冠的毛里求斯艳织雀，倒悬树上觊觎果实的毛里求斯狐蝠……浓郁的绿意消除了疲惫，澄净的泉水浇灭了焦躁，清脆的鸟声充盈了双耳，似锦的繁花清透了被汗水迷离的眼睛。这对生活在尘嚣中的人们是一种奢侈的幸福。

　　水湾国家公园位于毛岛东北部，成立于 2011 年 12 月，占地 497 公顷，是岛上第二个国家自然公园。它同黑河峡谷国家公园一样，也主要承担着保护毛里求斯自然遗产的责任，并向游客提供亲近大自然的徒步路径。著名的野鸭子池塘湿地保护区（Mare Sarcelles Reserves）就处于该公园的保护之下。整个园区共有 5 个池塘，由于严禁垂钓，隐居其中的淡水鱼体形硕大。园内也栖息着一些稀有鸟类，如洞金丝燕、毛里求斯灰绣眼鸟、毛里求斯寿带鸟、红头啄木鸟等。植物除了本土原生的兰花之外，大部分是外来的，如桃花心木、桉树、猴迷树、南洋杉等。公园的旅客中心是由一个老房子改造而成，印度契约劳工曾经在这里制糖。保留下来的老糖坊、石灰窑、两百年历史的水井，还有一段古老的铁轨，凝固了光阴，顷刻间，让人感觉穿越时光，回到了 19 世纪的毛里求斯。这个老水井也是徒步路径的起点。路径全长 4 千米，基本以平地为主，沿途有清晰的指示箭头和植物标牌，轻松安全。

独辟蹊径

　　毛里求斯也有一些庄园主在私有的森林中为爱好徒步的客人开辟路径，并收取一定的门票费用。如毛岛东南部的猎人庄园（Le Domaine du Chasseur）、星庄园（Le Domaine de l'Etoile）、费尼山谷（La Vallée de Ferney）均提供踏入原生态大自然的路线。

　　如果想热闹一些，可以付费参加当地旅行社组织的郊游活动，包括数小时徒步行走、野餐、球类等项目，旅行社提供接送服务。这类活动的目标客户一般是

天堂原乡

——毛里求斯

当地家庭，一次活动的参与人数大约 20 人。

也有徒步达人凭借对当地地形地貌的了解，提供专业向导服务，收取一定数额的费用。他们会根据客户的需求开发设计一些个性化徒步路线并亲自引领。如果想不走寻常路，这是个不错的选择。

勇者游戏

毛里求斯有几个比较有名的徒步比赛，当地企业提供赞助，参赛者也需要缴纳一定的报名费。如果你想加快速度，那就参加比赛吧，和一群同样热爱自然、热爱挑战的人们一起在高山上、在森林中冲刺。

皇家急走赛（Royal Raid）是毛里求斯第一个高山徒步比赛，通常在每年 5 月举行，至今已经成功举办 8 届。比赛共分 15 千米、35 千米和 80 千米三个难度级别。

山间瀑布

另一个有影响力的比赛是"渡渡鸟"徒步赛（Dodo Trail）。自 2011 年起每年举办一次，通常是在 7 月份。根据路线长短和难度级别分为 50 千米极限路径、25 千米中级路径、10 千米迷你路径等三个组别。

第 2 节

马背之邦

毛里求斯人谈起赛马总是难掩兴奋之情。直到今天，英国殖民者留下的浓厚赛马文化还在人们的血液中奔腾。

跑马场

古老传统的荣耀

毛里求斯的赛马历史可以追溯到 1812 年。那一年，当英军上校爱德华·德雷帕（Edward Alured Draper）初到毛里求斯时，英国打败法国占领毛岛不过才一年多。德雷帕上校认为，通过引入赛马这一充满欢乐和友好气氛的运动，能够缓和与法国定居者的关系，有利于英国站稳脚跟，平稳接管这一战略要地。德雷帕上校为此倾注满腔热情，积极奔走推动。他的建议终于获得了英国首任毛里求斯总督罗伯特·法夸尔（Robert Farquhar）的支持和采纳。同年，毛里求斯赛马会正式成立。德雷帕上校因而被誉为毛里求斯赛马会之父。该赛马会也成为世界第二古老的赛马俱乐部，其历史仅次于英国。目前，赛马会拥有会员近千名。6 名行政干事负责日常事务管理。俱乐部主席也从这 6 名干事中推选产生。毛里求斯赛马会是国际赛马联合会和亚洲赛马联合会的成员，其影响力正逐年提升。自 20

世纪80年代初起，赛马会致力于培养毛里求斯本土骑手，逐渐缩小了本土骑手和外国骑手技术上的差距。

登上位于路易港的炮台山，可以鸟瞰战神赛马场的全景。它三面环山，一面是繁华的路易港市区，是青山碧海包围中的一片椭圆形场地。赛马场周长1298米，赛道宽11-13米，相比其他国际赛场面积相对较小。同样在1812年，德雷帕上校将这片原为军事训练场的空地改建成战神赛马场。这是南半球最古老的赛马场。那年6月25日，这里举办了毛里求斯历史上第一场赛马比赛。起初只是一些年轻的英国驻军军官在此骑马，后来法国定居者表现出浓厚兴趣，也将自己的马带过来，马场人气渐旺。200多年来，战神赛马场举办了无数场比赛，甚至在两次世界大战期间都未间断。为了给骑手和赛马提供最佳比赛环境，赛马场自建立以来一直在维护和升级。近几年由于赛程变化，赛道也相应做了修改。

赛马

赛马场依山傍海静静注视着毛里求斯人民的喜怒哀乐和城市的繁盛兴衰。它还见证了毛里求斯的历史性时刻——1968年3月12日，毛里求斯独立庆典就在这里举行。直到现在，矗立在广场上的爱德华七世（King Edward Ⅶ）雕像和法国总督马拉蒂克（Malartic）纪念碑都在诉说着那段难以忘却的殖民历史。

天堂原乡
——
毛里求斯

赛马场里的人生

毛里求斯的赛马季从每年 3 月底一直延续到 12 月的第一个星期。比赛于每周六 12 点开始举行，每场间隔约 30 分钟，一次最多可容纳 11 匹赛马。看台需买票进入，票价约合人民币 25 元，女士免票。也有不少人选择省下这笔钱，趴在跑道护栏上看比赛。虽然没有俯瞰全场的完整视角，倒也看得真切。

虽说第一场比赛在正午开跑，但不到上午 11 点，战神赛马场里里外外就已经挤满了熙熙攘攘的人群。在比赛正式开始之前，这里更像是一个集市，小吃、饮料、服饰摊位从停车场入口一直排到看台，人们手里拿着啤酒和本周赛马刊物在窗口前排队下注。毛里求斯的赌马种类繁多，Supertote 和 Totelepep 两家博彩公司于 2011 年汇合彩池，使派彩金额有所增加。马迷的热情从未减退，从他们嬉笑的脸庞和从容的步履不难看出，除了体验赌马的刺激，这里更是周末休闲放松的好去处。

毫不夸张地说，这里是整个毛里求斯社会的缩影：你能看到身着纱丽怀抱孩子的印度妇女、甜蜜牵手的克里奥尔情侣、卖中式点心的华人……这一幅典型的毛里求斯普通民众生活画面，将多民族融合而成的独特文化展现得淋漓尽致。他们勤劳善良，热爱家庭，也喜欢周末在这里为自己喜欢的骑手和赛马下注、加油。

对于赛马会会员，景象则完全不同。会员不仅可以享用靠近终点且视野最佳的第二三层独立看台区域，还有专属院落。位于看台中的庭院内别有洞天，衣着笔挺考究的会员们三五成群，相谈甚欢。从俱乐部严格的入场着装规定也可看出，赛马这一英式传统运动中的贵族特质也被传承了下来。对于上流社会来说，赛马场更像是一个充满仪式感的社交场合。赛马杂志也常常拍摄那些倚在看台上时尚靓丽的女子，将她们的照片放在杂志内页，体现出这项运动的"活色生香"。

比赛开始前，当天的赛马被牵进会员俱乐部院子中的马厩里，以便会员们近距离观察马匹状态。就在院子围墙的那一头，也站满了"非会员"的毛里求斯人，他们伸长脖子远远地望一望自己下注的马精神状态如何。墙内墙外的人看似处于两个不同的世界，但此时又分享着同一份快乐。

预备阶段，参赛马各就各位在起跑栏内等待起跑。这些赛马大多来自南非，每年大约有125匹马以马厩和个人的名义从国外进口到毛里求斯。毛里求斯从海外进口赛马的历史可追溯到1836年，最早进口地主要是英国、南非、法国和澳大利亚，而如今南非马成为赛场上绝对的主角。

指挥旗挥落时，闸门迅速提起，骑手策马扬鞭，赛马在跑道上疾驶而过，大

男女骑手各领风骚

屏幕上也播放着同步画面，跑最后一圈时整个看台上充满了震耳欲聋的呐喊，人们高声叫喊着爱马的名字。当第一名的赛马冲过终点的瞬间，赢得下注的人振臂欢呼，激动地从座位上跳起来。对于他们来说，竞速的刺激和胜利的喜悦大概就是这项运动的魅力所在吧。都说毛里求斯是个安静闲适的海岛，但是赛马证明了，这里同样也充满速度与激情。

马上初体验

出于对赛马的热爱，学习骑马也是很多毛里求斯人的选择，有的立志成为骑手，有的喜欢与马默契互动，还有许多游客选择在马背上感受毛里求斯的美景。

岛上有许多大大小小的俱乐部或马厩，提供培训和骑马观光项目。马匹大多都是退役赛马，聪颖又温顺。你可以选择位于岛西弗利康弗拉克海滩或者岛北大湾附近的马厩，骑马穿越芳香四溢的甘蔗地，漫步在洁白细腻的海滩上，感受人、动物、自然的和谐相处。

对于没有骑马经验的游客，骑行观光会由马厩专业人员牵马随行，以确保安全。马厩也提供头盔等基本用具的租用，游客最好着长裤和平底运动鞋。

骑行开始前，专业人员会讲解骑马基本要领。马是很有灵性的动物，只要指令清晰明确，并且真心善待，它们通常都很恭顺听话。当然，马儿也性格各异，有的内向好静、与世无争，有的活泼好动、喜欢奔跑，遇到自己的好友还会嘶叫以示友好……但是马儿有一个共同的禁忌——紧挨在它们身后的人或其他物体会令它们不安。所以千万不要站在它们身后，骑马时也要与前一匹马保持一定距离。

第 3 节

白鹭不再

毛里求斯岛与罗德里格岛、留尼汪岛一起组成了马斯克林群岛，约900万年来与非洲大陆长期隔绝。天然的屏障使岛上的动植物得以在几乎不受干扰的环境中自由生长和进化，逐渐形成了极为珍稀的特有物种，因此毛岛被"保护国际基金会"列为印度洋地区生态多样性的热点之一，吸引着世界各地的动植物学家和自然爱好者来此进行研究。

山间野猴

历史的遗憾

毛里求斯共有约685种开花植物，其中267种为本土原生，150种为马斯克林群岛特有。蒲葵、乌木、纳特树、瓦瓜树、百合朱槿等植物曾在岛上蓬勃生长，渡渡鸟、罗岛孤鸽、粉鸽、毛岛象龟、毛岛大壁虎、所罗门蜥等珍稀动物在其间无忧无虑地生活，毛岛一度是佳木繁荫、鸟语花香的天堂。

然而，近400年以来，随着人类活动和气候变化的影响不断加剧，毛岛的生态环境急剧地发生着变化。殖民者一方面对岛上资源进行掠夺式开发，大量砍伐质地坚硬的乌木、猎杀肉质鲜嫩的象龟；另一方面引进了许多岛上物种的天敌。老鼠、猫鼬、狐猴吃掉了岛上鸟类和爬行动物的卵和幼崽，旅人蕉、马樱丹、草莓番石榴等植物又在与本土植物的生存要素争夺战中占据上风，致使许多稀有物种灭绝。定居者的生产生活也对生态造成了很大破坏。17世纪，荷兰殖民者从爪哇引进甘蔗酿酒制糖，大面积开垦农田，使得岛上原始森林覆盖率从1773年的约90%骤降至1997年的不足5%。如今，岛上89%的植物面临生存威胁，89种植物仅剩不到10株，其中5种仅剩1株，已属于功能性灭绝，可能很快将成为无法弥补的遗憾。

近年来，毛岛人正承受着各类生态变化带来的后果，不得不为人类过去和现在所犯的错误埋单。原始植被的急剧减少导致土壤的锁水能力极大减弱，土地留不住雨水，水库存不住淡水，岛中高原居民因此常年忍受着缺水之苦。没有天敌，"入侵者"野鹿的泛滥曾一度使猎鹿运动在岛上盛行，老鼠增多又催生了灭鼠行业的发展。气温升高严重制约了当地传统作物产量并破坏了正常的水循环。海平面上升吞噬着沙滩，导致细沙流失、浅海水质变坏、海底珊瑚群被侵蚀，对海岸森林生态体系造成了不可逆的损害。气候变化导致的飓风增多让岛民深受其苦，植被减少又增加了洪水的灾害性。2013年3月，毛岛持续降雨引发暴洪，造成首都路易港11人罹难，至今仍令人心有余悸。

毛岛东南距离马埃堡海岸不足千米的海面上有一座郁郁葱葱的小岛。岛上温度适宜、植被茂密，曾吸引着大量在冬季往南迁徙的白鹭来此筑巢、繁衍。曾经，当地居民时常看见成百上千的白鹭从林间倏然飞起，仿佛雪后的银装素裹。随着全球变暖和岛东南生产生活逐步发展，白鹭原本的理想栖息地变得炎热、嘈杂，肆虐的老鼠啃噬着鸟蛋和雏鸟，人类还会时而登岛进行猎杀。成群的白鹭差点遭到灭顶之灾，被迫放弃不再舒适和安全的冬季行宫，辗转向北方大陆寻找新的栖息场所，从此一去不复返，空留下"白鹭岛"（Ile aux Aigrettes）的名字和"一行白鹭上青天"的美丽传说。如今，岛上已找不到白鹭曾经生活的痕迹，只剩下一尊小小的白鹭雕像，提醒着人们不要再重复过去的遗憾。

天堂原乡

——毛里求斯

毛岛人的觉醒

生性乐观的毛岛人曾以为，海风吹拂下的毛里求斯将永葆"天堂原乡"的模样。但某一天却突然发现家园的自然资源已惨遭破坏，生态环境大不如前，可持续发展已到了刻不容缓的关头。

2008年，毛国总理首次提出"毛岛可持续发展"概念，将其作为一项长期发展战略，通过开发可再生能源降低对石油燃料的依赖，从而减轻环境污染，同时在经济、社会各领域全方位转变毛岛面貌，提出了能源（Energy）、环境（Environment）、教育（Education）、就业（Employment）和公平（Equity）的五个"E"支柱，形成全社会参与、全民受益的良性发展。在能源上大力开发太阳能、风电等，提出2025年全国生产可再生能源占总能耗的75%，2040年实现完全的自给自足。在资源和环境上持续有效地对自然和历史文化遗产进行管理保护和监督，推进全民环保意识的形成。2012年世界卫生组织公布的《全球空气质量报告》显示，毛岛空气质量位居全球第二，可谓是对毛岛人多年努力的一种肯定。

毛岛还大方地与其他小岛屿发展中国家分享可持续发展经验，并在国际舞台上积极扮演小岛屿发展中国家代言人角色，在联合国大会、气候变化峰会等多边场合以及印度洋委员会、环印度洋地区合作联盟等地区组织中系统阐述小岛屿发展中国家的脆弱性，以及在应对气候变化和抵御自然灾害中所面临的困难和挑战，寻求国际支持。毛还呼吁全人类共同关注自然环境，保护美好家园。2005年联合国授权就小岛屿发展中国家可持续发展举行"毛里求斯国际高级别会议"，通过了《毛里求斯执行战略》，显示了小岛屿发展中国家团结一心，共同为人类可持续发展奋斗的决心。

眼镜鸟

粉鸽

海鸥

白玄鸥

毛岛人致力于环保和可持续发展的事业仍将坚定地持续下去。正如毛里求斯野生物种基金会（Mauritian Widelife Foundation）科研带头人卡尔·琼斯博士所说，环保工作将无限期进行下去，我想一个世纪之后的人们仍将在做着同样的事。毛岛人的坚持着实令人感动，也值得其他国家的民众深思。

绿色保护区

毛岛人为保护仅存不到 2% 的优良林木和本地珍稀物种，采取官民并举的方式，在全国建立了多个生态保护区，促使环保生态事业蓬勃发展。

毛岛两处国家级森林公园均体现了政府对生态事业的关注。黑河峡谷国家公园大致保留了毛岛原始森林的概貌，水湾国家公园则是毛岛最后一片规模完整的海岸森林。公园免费向公众开放，提供徒步、野餐和休憩的场所，由毛国农业部树木与森林处负责日常管理维护。园内仓木穷穹，亭亭如盖，无形中拉近了游人与自然的距离，让人与自然和谐共处的观念深入人心，已成为国家生态教育基地。

近年来，随着毛岛民众日益加大对生态环境保护的关注，各类公益组织如雨后春笋般出现。其中，毛里求斯野生物种基金会是唯一一家专门从事国家级濒危动植物保护的民间组织，在生态保护领域作出了独特贡献。上世纪 70 年代，毛岛的数种珍稀鸟类及动植物濒临灭绝，毛岛和国际上的有识之士急忙在当地开展物种抢救工作，并取得初步成功。1984 年，一群富有责任感的当地商人创立了"毛里求斯野生物种倡议基金会"（1995 年更名为"毛里求斯野生物种基金会"），并获得了毛国政府、国际组织的鼎力支持，标志着毛岛民间生态行动步入正轨。如今，该基金会与毛国总理府国家公园与保护区管理处、环境和可持续发展部、罗岛地方政府开展密切合作，在毛岛和罗岛共建立了 25 个生态保护站，聘请毛岛大型企业退休领导进入管理层，录用当地和国外的近百名职业护林员，与国外类似机构建立伙伴关系并力邀国际动植物专家予以科学指导，形成了一套较为成熟的运行模式。

该基金会还创造性地在白鹭岛、帕塞岛（Ile de la Passe）等保护区开展环保主题教育，并推出实地参观、植树、护鸟等生态旅游项目，深受欧美生态游爱好者的追捧，如今也开始接待中国游客。

果蝠

侧记：

与非洲朋友一同栽种"生态梦"

——驻毛里求斯使馆赴白鹭岛开展环保公益活动侧记

11月的毛里求斯已由凉转暖，阳光充足，雨量充沛，进入万物生长的黄金时节。在白鹭岛生态保护区的一隅，一群身着运动服、手持劳动工具的中国人，面朝黄土，头顶着南回归线上的骄阳，与当地人一起除草和栽树，各种杂草很快就堆积成了一座小山。他们有男有女，有大人有孩子，一时形成了一幅各种肤色相间的劳动图景。

"真没想到中国外交官会放下身段，来到这偏僻的小岛和我们一起拔草和移栽，并且对毛岛特有珍稀物种和我们的护林行动表现出如此浓厚的兴趣。"毛里求斯野生物种基金会的职业护林员沙弗丽一边带领大家在林间穿梭，一边如是说。

毛岛自上世纪70年代以来大力推进经济和社会建设，如今虽已取得了人均国内生产总值逾9000美元的骄人成绩，但也遭遇了环境污染、植被退化等"成长的烦恼"。全球变暖使原有的生态平衡被打破，许多珍稀物种濒临灭绝。面对各类环境事件，当地民众的环保和生态意识越来越强，各类民间环保组织如雨后春笋般涌现，它们都想在国内外获得理念认同、道义协助和实际支援。

对于毛岛生态组织中成立较早、规模和影响颇大的野生物种基金会而言，接到中国使馆有关共同举办生态公益行动的邀请，在其与外国使馆的接触中没有先例。这无疑是该基金会在国内外扩大软影响、争取硬支持的良机。基金会负责人塔塔亚博士面对参加活动的使馆全体成员激动地说："中国使馆的参与对于我们无疑是雪中送炭。毛中两国在保护环境、维护生态领域有着许多契合点。我曾到过四川卧龙自然保护区进行考察。中国对大熊猫的保护行动让我深感敬佩，毛岛

天堂原乡

——

毛里求斯

在对粉鸽、橄榄白眼鸟、乌木等国宝级濒危物种的保护过程中有许多经验需要向中方汲取。"

塔塔亚博士的观点显然与中国驻毛里求斯大使李立不谋而合。李大使在接受毛里求斯国家电视台及多家主流媒体的现场采访时表示，维护生态环境、坚持可持续发展是中毛两国人民共同的美好愿望，也是进一步拓展两国合作的重要内容。我们在这里工作和生活，毛里求斯就是我们的第二故乡。我们将在毛国绿色发展的道路上一路陪伴，给予必要的支持与帮助，也将提醒来毛中国游客尊重当地环境，为毛国生态保护事业作出自己的贡献。

近年来，中国正稳步推进生态文明建设。在非洲人民的热盼中，绿色发展、循环发展和低碳发展等先进理念"走出去"的时机已经到来。中国使馆与民间组织和媒体的"三方联动"不仅迎合了当地的民意，更推动了生态环保事业的进一步发展。中国外交官们"走出庙堂"，来到林间与非洲朋友们共同栽下的不仅仅是一颗颗郁郁葱葱的小树苗，更是共同建设美丽家园的中非生态梦。

第八章

实用宝典

毛里求斯地图、中国驻毛里求斯使馆提
醒游客来毛注意事项（含紧急求助电话）、
中国驻毛里求斯使馆提醒游客注意交通安全、
机场填表、实用信息列表（餐厅、酒店、航
空公司、医院）。

毛里求斯地图

使馆提示

中国驻毛里求斯使馆提醒游客来毛注意事项

一、根据中毛互免签证协定有关规定：中国公民持有效中国护照，返程机票和住宿证明，停留期不超过30天，免签入境毛里求斯。详情请登录中国驻毛里求斯使馆网站：http://www.ambchine.mu/chn/。

二、毛里求斯海关规定，18岁以上乘客，入境时每人最多允许携带1升烈性酒和2升葡萄酒或啤酒，烟草制品不得超过250克。

三、毛里求斯是多民族国家，各民族均有自己的宗教信仰，如印度教、伊斯兰教、天主教和基督教等，请游客尊重当地的宗教和文化风俗习惯。

四、毛里求斯机动车是右舵左行，道路交汇处多为环岛，正在环岛内行驶的车辆有优先权，欲进入环岛车辆应停车避让，普通道路大多比较狭窄，摩托车较多，夜晚没有路灯，道路两侧没有人行道。建议游客外出务必注意交通安全，尽量避免长距离步行，租车自驾最好购买全险。

五、请游客务必高度重视人身安全，加强风险防范意识，尽量避免赴僻静区域活动或夜间外出；妥善保管个人护照、身份证等证件，并留存复印件。如发生护照丢失、被盗等情况，请立即报警，并通知中国驻毛里求斯大使馆。向使馆提供护照复印件可减少身份核查时间，加快证件办理速度；妥善保管个人财物，毛里求斯很多酒店和商铺都接受顾客使用银联卡、VISA或MASTER信用卡消费（请游客提前与预订的酒店确认），请不要随身携带大量现金，办理入住手续时请详细阅读酒店安全提醒，务必将贵重物品存放在房间保险箱内，以免遭受不必要的经济损失。如发生财物被盗，请立即与酒店联系并报警。

六、每年 12 月到次年 4 月是毛里求斯的夏季，日照强，雨量大，蚊虫多，且有台风登陆，请游客注意当地天气预报，户外活动注意安全，注意防蚊防晒，携带信号良好的通讯设备，遇紧急情况，请拨打报警紧急求助电话。

七、水上活动具有潜在危险，请游客务必注意安全，结伴同行，相互照应，自觉遵守毛里求斯当地及酒店相关安全提示，初涉海上运动须接受必要的培训，赴远海活动时，随身携带信号良好的通讯设备并掌握准确的求救电话，包括酒店急救电话等。

八、游客遇到紧急情况，请拨打相应救助电话：报警电话 999 或 112，医疗救护电话 114，旅游部门投诉热线 8910，中国驻毛里求斯大使馆 24 小时领保值班电话 230-52522618。

中国驻毛里求斯使馆提醒游客注意交通安全

近来，越来越多的中国游客选择在毛里求斯租车自驾游，交通事故偶有发生。个别事故中，由于游客处置不当，在未联系到租车公司和警察未到现场的情况下，轻信对方司机承担全部责任的口头承诺，导致对方司机事后报警谎称是游客全责并肇事逃逸，租车公司要求游客赔付修车费用，游客承受不必要的损失。鉴此，中国驻毛里求斯使馆特别提醒广大游客以下注意事项：

一、毛里求斯机动车驾驶员座位在右侧，车辆沿道路左侧行驶（右舵左行，与国内左舵右行相反）。在右侧行驶的车辆有道路优先权。

二、毛里求斯道路交汇处多为环岛，在环岛内行驶的车辆有道路优先权，欲进入环岛的车辆应停车避让；在内环行驶的车辆有驶出环岛的道路优先权，在外环行驶的车辆应注意避让。

天堂原乡
——
毛里求斯

三、毛里求斯普通道路大多比较狭窄，夜晚没有路灯，道路两侧没有人行道。请尽量避免夜晚驾车或步行，驾车时请注意避让行人。

四、毛里求斯摩托车多，并与汽车共用车道，驾车时请注意避让摩托车。

五、请勿在驾车时使用手机拨打或接听电话，勿酒后驾车，请遵守不同道路的限速规定，勿超速驾驶。

六、租车时请仔细阅读合同条款，建议购买全险保险。

七、请记好租车公司的热线电话，外出时携带信号良好的通讯设备，车辆遇到问题，请及时与租车公司联系解决。

发生交通事故后，请通过拍照等保留证据、注意保护现场，并第一时间联系租车公司和警察。一定要在租车公司职员和警察到现场协助下处理事故，即使对方司机承诺负全责，也切勿在租车公司和警察不在场的情况下与其达成口头处理协议。

八、遇到交通事故，请第一时间拨打报警电话 999，如需救护，请拨打急救电话 114。

来毛旅游公约

天堂原乡
——毛里求斯

中国驻毛里求斯大使馆

机场填表

以下为填表模板，切勿完全按原样填写，以免发生被拒入境的情况。

出入境卡

出入境卡填表示例

健康卡

健康卡填表示例

天堂原乡
——
毛
里
求
斯

实用信息列表

餐　厅				
分类	店名	地址	电话	营业时间
西餐	La Clef des Champs	Queen Mary Avenue, Floreal	6863458	需预约
	Château Mon desir	Maritim Hotel Mauritius Balaclava, Terre-Rouge	2041111	周二到周六
	Le courtyard Restaurant	Corner Chevreau & St.Louis Street, Port Louis	2100910	周一到周五
	Château Labourdonnais	Labourdonnais, Mapou	2667172	周一到周日
	Restaurant Rêve d'R	Mont Mascal, Petit Raffray	2836113	周一到周日
	Varangue Sur Morne	110, Plaine Champagne Road Chamarel	4836610	周一到周日
	Le Fangourin	L'Aventure du Sucre Beau Plan	2437900	周一到周日
	La Plantation de Saint Aubin 1819	Saint Aubin Riv, des Anguilles	6261819	周一到周日
	Paul et Virginie	La Pirogue Mauritius Wolmar, Flic en Flac	4033900	周一到周日
	Le Chamarel	La Crete, Chamarel	4836421	周一到周日

分类	店名	地址	电话	营业时间
印度餐	Happy Rajah	Super U Complex, Grand Bay	2632241	周一到周日
	Indra	Domaine les Pailles, Pailles	2864225	周一到周日
	Le Tandoor	Le Tandoor, Grand Bay	2631378	周一到周日
	Namste	Caudan Waterfront, Port Louis	2116710	周一到周日
	Rasoi by Vineet	One&Only, Le Saint Geran Resort, Pointe de Flacq	4011688	周一，周三到周六
	Tandoori Express	St Jean Quatre Bornes	4549596	周二到周日
克里奥尔餐	Domaine de l'Etoile	Sebastopol	57291050	周一到周日
	La Maison Créole	Eureka, Moka	4338477	周一到周日
	Le Jardin de Beau Vallon	Route Privee, Beau Vallon Mahebourg	6312805	周一到周日
意大利餐	Acquapazza	Four Seasons Resort Mauritius At Anahita, Beau Champs	4023100	周一到周日
	La Dolce Vita	Domaine les Pailles, Pailles	2864225	周一到周日
	Luigi's Restaurant	Royal Road, Grand Bay	2691125	周一到周日
	La Tosca Sandwicherie Pizzeria Café	Moka Business Centre, Moka	4320319	周一到周日
中餐	Domaine Anna	Flic en Flac	4539650	周二到周六
	Villa Caroline	Flic en Flac	4538580	周一到周日
	Chinese Hotpot	Quatre Bornes	57612762	周一到周日

餐厅

天堂原乡
——毛里求斯

分类	店名	地址	电话	营业时间
世界美食	Attitude Sushi, Sanwich & Wine	Dias Pier building, 2nd Floor, Caudan Waterfront	2110511	周一到周六
	Hidden Reef	Royal Road, Pointe aux Cannoniers	2630568	周一到周六
	Kim Chi House	Corner Emmanuel Anquetil Street & Queen Avenue, Port Louis	2160988	周二不对外营业
	La Banyan Asian Fusion Restaurant	Maritim Hotel Mauritius Balaclava, Terre-Rouge	2041111	周一到周六
	Sakura Restaurant	Rayal Road, Grand Bay	2638092	周一到周六
烤肉	Four à chaud	Rayal Road,Trou d'eau Douce	4801036	周一到周六
	Thai Matupayasch	Garden Village, Curepipe	2910091	周一到周六
	Beach House Restaurant & Bar	Rayal Road, Grand Bay	2632599	周二到周日
	C Delights	Columbia Court, No 4 Saint Jean Road, Quatre-Bornes	4545688	周一到周日
	Le Bistrot & L'Entrecôte Steak House	Rayal Road, Grand Bay	2691338	周一到周日
	Le Charka Steak House & Bar	LePreskil Hotel, Mahebourg	6041000	周一到周日

餐厅

第八章 实用宝典

餐 厅				
分类	店名	地址	电话	营业时间
烤肉	Les Filas Beer Garden Pub	Maritim Hotel Mauritius Balaclava, Terre-Rouge	2041111	周一到周日
	Malibu Spur	royal road, grand bay	2636419	周一到周日
	The Grill	Coastal Road, Grand Bay	2638540	周一到周日
特色烹饪	Rhumerie de Chamaral	Royal Road, Chamarel	4837890	周一到周六
	Les Copains d'Abord	Rue Suffren, Mahebourg	6313317	周一到周日
	La Capitaine	Royal Road, Grand Bay	2636867	周一到周日
	La Vallée de Ferney	Ferney	6340440	周一到周日
	Restaurant La Bonne Chute	La Mivoie Black River	4836552	周二到周日
	The Bay Hotel	Avenue des Cocotiers, Black River	4837042	周一到周日
	Balikopy	Royal Road, Tutti Fruitti Center, La Mivoie Black River	4838252	周二到周日
	Clos Saint louis	Domaine Les pailles, Pailles	2864225	周一到周六
	La Villa Garden Restaurant	Galerie d'Art 1331 Chemin 20 Piedes Pereybere, Grand Bay	2627552	周一到周六
	Chez Tino Restaurant	Trou d'Eau Douce	4802769	周一到周日

天堂原乡

——毛里求斯

酒　店			
酒店名称	地址	电话	星级
Ambre Hotel	Coastal Road, Palmar	4018188	4
Angsana Balaclava	Turtle Bay, Balaclava	2041888	5
Constance Belle Mare Plage	Belle Mare, Flaq	4022600	5
Casuarina Resort & Spa	Coastal Road, Trou aux Biches	2045000	3
Dinarobin Hotel Golf & Spa	Le Morne Peninsula	4014900	5
Four Seasons Resort Mauriutius at Anahita	Beau Champ	4023100	5
Heritage Awali Golf & Spa Resort	Domaine de Bel Ombre	6011500	5
Heritage Le Telfair Golf & Spa Resort	Domaine de Bel Ombre	6015500	5
Hotel Sofitel So Mauritius	Royal Road, Beau Champ	6055800	5
Hilton Maurituis Resort & Spa	Wolmar, Flic en Flac	4031000	5
Intercontenental Balaclava Fort	Coastal Road, Ville Valio, Balaclava	2611200	5
Labourdonnais Waterfront	PO Box 91, Caudan Waterfront, Port Louis	2024000	5
La Plantation Resort & Spa	Turtle Bay, Balaclava	2043000	4

酒 店			
酒店名称	地址	电话	星级
La Beach Club	Coastal Road, Pereybere	2635104	
Le Suffren Hotel & Marina	Le Caudan, Port Louis	2014900	4
La Pirogue Mauritius	Wolmar, Flic en Flac	4033900	4
Long Beach	Coastal Road, Belle Mare	4011919	5
Lux* Belle Mare	Coastal Road, Belle Mare	4022000	5
Lux* Grand Gaube	Pointe Rejane, Grand Gaube	2049191	5
Lux* Le Morne	Le Morne plage	4014000	5
Maradiva Villa Resort & Spa	Wolmar	4031500	5+
Maritim Hotel Mauritius	Balaclava, Terre Rouge	2041000	5
Outrigger Mauritius Resort & Spa	Allee des Cocotiers, Bel Ombre	6235000	5
One & Only le Saint Geran	Pointe de Flaq	4011688	5
Paradise Cove Hotel & Spa	Anse la Raie, Cap Malheureux	2044000	5

天堂原乡

——毛里求斯

酒 店			
酒店名称	地址	电话	星级
Shandrani Resort & Spa	Plaine Magnien	6034343	5
Shanti Maurice	Riviere des Galets, Chemin Grenier	6037200	5+
Sofitel Imperial Resort & Spa	Wolmar, Flic en Flac	4538700	5
Suger Beach Resort	Wolmar, Flic en Flac	4033300	5
The Bay Boutique Hotel	La Preneuse, Black River	4837042	3+
Le Meridien Ile Maurice	Pointe aux Piments	2043600	4+
The Obroi Hotel Mauritius	Turtle Bay	2043600	5
The Residence Hotel	Coastal Road, Belle Mare	4018888	5
The Sand Resort & Spa	Wolmar, Flic en Flac	4031200	4
Veranda Grand Bay Hotel & Spa	Royal Road, Grand Bay	2098000	3
Veranda Paul et Virginie Hotel & Spa	Royal Road, Grand Gaube	2880215	3+

航空公司		
名称	地址	电话
Air Mauritius	President John Kennedy Street, Port Louis	2077070
Cathay Pacific	Ground Floor, IBL House Caudan Waterfront	2028000
Emirates Airlines	5th Floor Newton Tower, Sir William Newton Street Port Louis	2047700

医　院			
名称	地址	电话	性质
Fortis Clinique Darné	Georges Guibert street, Floreal	6012300	私立
Apollo Bramwell Hospital	Royal Road, Moka	6051000	公立
Flacq Hospital	Hospital Road, Flacq	4132532	公立
Moka Eye Hospital	Royal Road, Moka	4334015	公立
Souillac New Hospital	Telfair Road, Souillac	6255532	公立
Victoria Hospital	Candos	4253031	公立

天堂原乡

——毛里求斯

后　记

　　2013 年初，在即将赴毛里求斯履新前，我很是花了一番功夫，希望找到一本系统介绍毛岛的书籍，但却未能如愿。这番经历使我萌生了编写本书的愿望。随着在毛里求斯工作和生活的不断深入，愈发感受到这片"天堂原乡"的丰富多彩源于其本身包容多元的文化，而这种独特文化又扎根于毛岛纷繁变迁的历史脉络中，将一个立体、完整的毛里求斯介绍给国内读者的意愿也变得愈加强烈。

　　宋人陈师道说，书当快意读易尽。合口味的好书，读起来饶有兴味，颇感惬意，往往很快就读完。这也契合我们这本小书希望达成的书读于"三上"的效果，既能用轻松愉快的所见、所闻、所感缩短飞机上十几个小时等待的时光，也可以权威详实的信息成为大家按图索骥，畅游毛岛的指南。

　　本书的编写过程中得到了方方面面的支持。感谢中国驻毛里求斯使馆的外交官们，同时也是本书各章节的作者——于江、张亦良、罗一彰、李鲁晟、廖宁、陈朝宁、杨光、葛仲、许慧华、李莉莉、王晓、王蕊、申文冠、姜艾凝、张亮、李东晔、何逸林的笔耕不辍。感谢为本书题字的中国美术家协会刘大为主席的生花妙笔，以及杨剑坤、勃拉姆斯（Brahms Mahadea）等摄影家们所贡献的镜头下的毛里求斯。感谢参与、关心《天堂原乡——毛里求斯》的所有人。

　　本书的编写也是我们对自身工作的一次总结与思考，未来 5 年中国出境旅游将超过 4 亿人次，平均下来，每三个中国人中就将有一个有机会在 5 年内走出国门，了解世界。这对于我们从事的外交工作是莫大的机遇，通过积极的引导，每一个出境公民都可能成为促进国与国友谊的友好使者和"中国梦"正能量的传播者；同时，与不同地域、文化和族裔的实地接触和亲身交流将极大丰富我们国民的国际视野，了解世界"大同"与中国"不同"的辩证统一，以更加开放包容的姿态拥抱这一日益全球化的世界。

当"你站在桥上看风景，看风景的人在楼上看你"，我们衷心希望读者们在毛里求斯的旅程不仅仅是又一次出发、邂逅与告别，而是一次心灵的洗涤与升华，同时也将自己内心深处最美好的那部分感受留在这天堂原乡的碧海青山之间，这也是我们在编写工作中的一点小小私心。

有感而发，是以为记。

中国驻毛里求斯大使　李立

二〇一四年二月二十六日